V&R

Cornelie Ayasse / Christina Krause

# Gott suchen

Bausteine für den Religionsunterricht an Beruflichen Schulen

RU praktisch – Berufliche Schulen

VANDENHOECK & RUPRECHT

Mit 53 Abbildungen

Bibliografische Information der Deutschen Nationalbibliothek:
Die Deutsche Nationalbibliothek verzeichnet diese Publikation in der Deutschen Nationalbibliografie; detaillierte bibliografische Daten sind im Internet über http://dnb.de abrufbar.



Alle Internetlinks wurden am 07.11.2023 zuletzt geprüft.

Satz: SchwabScantechnik, Göttingen
Druck und Bindung: ⊕ Hubert & Co, Göttingen
Printed in the EU

**Vandenhoeck & Ruprecht Verlage | www.vandenhoeck-ruprecht-verlage.com**

ISBN 978-3-525-70332-8

# Inhalt

# Vorwort

Gott im Religionsunterricht zum Thema machen – ist das nicht selbstverständlich? Schließlich wird dies von allen Seiten auch erwartet – von den Schülerinnen und Schülern ebenso wie vom Kollegium, von Bildungsplänen ebenso wie von Theologie und Kirche. Aber wie kann und soll das geschehen? Und wie kann erreicht werden, dass der Unterricht dann wirklich die Fragen und Orientierungsbedürfnisse junger Menschen trifft?

Als hilfreich erweist sich hier zunächst der genauere Blick auf Befunde aus aktuellen Jugendstudien, wie sie die Tübinger Institute für berufsorientierte Religionspädagogik (EIBOR und KIBOR) vorgelegt haben.[1] Die Befunde aus dieser Studie belegen einmal mehr, dass sich nur ein kleiner Teil der Befragten Jugendlichen und jungen Erwachsenen heute als »religiös« versteht. Deutlich mehr nehmen sich aber als »gläubig« wahr und noch einmal mehr sagen, dass sie an Gott glauben. Für viele erstaunlich ist darüber hinaus, dass fast drei Viertel der jungen Menschen von einer eigenen Gebetspraxis berichten, auch wenn das Beten in vielen Fällen selten bleibt. Zugespitzt könnte man sagen, dass weit mehr junge Menschen zu Gott beten als an ihn glauben – ein Widerspruch in sich selbst, der die Jugendlichen und jungen Erwachsenen aber nicht weiter zu irritieren scheint. Offenbar liegt ihnen deutlich weniger an einem kohärenten Verständnis von Gott als an der Möglichkeit, sich in bestimmten Situationen – oft des Leids, aber auch der Freude – »einfach« an Gott wenden zu können, wie dies in der ganzen Menschheitsgeschichte der Fall war.

Unterricht zum Thema Gott muss damit ernst machen, dass die Schülerinnen und Schüler tatsächlich den Ausgangspunkt für diesen Unterricht darstellen und dass es didaktisch weder sinnvoll noch möglich wäre, an ihrem Glauben oder Nicht-Glauben vorbeizugehen. An manchen Stellen wird im vorliegenden Band deshalb ausdrücklich auf Befunde aus der genannten Jugendstudie zurückgegriffen und werden daraus religionsdidaktische Konsequenzen entwickelt. Statt Auszügen aus Katechismen oder dogmatischen Lehrbüchern werden prägnante schülerinnengemäße Zugänge gesucht, die es gleichsam erlauben, sich gemeinsam mit den Jugendlichen und jungen Erwachsenen auf die Suche zu machen – nach Gott.

Die vielfältigen Suchbewegungen, die von den Modulen und Arbeitsmaterialien angeregt und unterstützt werden, führen bewusst in viele Richtungen, und sie können natürlich im eigenen Unterricht auch ganz frei und in neuer Kombination eingesetzt werden. Doch leuchten die vorgeschlagenen Schritte zumindest als grobe Richtungsangaben auch didaktisch ein: Wer etwas sucht, muss wissen, wo und wie das am besten geschehen kann. Und die exemplarische Vertiefung zu (Gottes-)Bildern nimmt ebenfalls eine zentrale Dimension der Suche nach Gott auf. Ob Gott aber wirklich gefunden wird und ob Gott sich tatsächlich finden lässt, das ist nicht erst heute eine der großen Menschheitsfragen. Dass diese Frage keineswegs nur die »Ungläubigen« oder konfessionslose Menschen betrifft, sondern dass sie gerade auch einen stark ausgeprägten Gottesglauben begleiten kann, zeigt schon die Bibel.

Immer wieder werden in den hier vorgelegten Modulen dann auch biblische Motive und Texte eingespielt. Fast alle davon können auf die Schülerinnen und Schüler dabei überraschend wirken. Denn sie entsprechen allesamt nicht der klischeehaften Erwartung, dass in Bibel und Kirche alle Antworten immer schon festliegen und ein ganz bestimmtes Gottesbild vermittelt werden soll. Demgegenüber wird hier vor Augen gestellt, dass Gott gerade in biblischer Sicht nicht festgelegt werden kann, dass Gott alle menschlichen Vorstellungen übersteigt und dass er sich dennoch zugleich selbst fassbar macht im Kind in der Krippe und im Mann am Kreuz, in aller Schutz- und Wehrlosigkeit.

Eine ernsthafte Suche nach Gott kann heute auch sonst nicht vor schwierigen Themen haltmachen wollen. Für viele Schülerinnen und Schüler gehört dazu die Spannung zwischen Schöpfungsglaube und Evolutionstheorie, die – Befunden aus Jugendstudien zufolge – in den meisten Fällen zugunsten der Evolutionstheorie aufgelöst wird. Dabei besteht manchmal ein enger Zusammenhang zur Theodizeefrage, die sich den Jugendlichen und jungen Erwachsenen vielfach ebenfalls erfahrungsbezogen aufdrängt – etwa angesichts des Verlustes eines geliebten Menschen schon in der Kindheit, um dessen Leben sie vielleicht noch gebetet hatten. Leicht lassen sich an dieser Stelle auch weitere Beispiele aufnehmen, deren Aktualität allerdings rasch wechseln kann und die deshalb im vorliegenden Band nicht ins Zentrum gerückt werden. Ob beispielsweise die Pandemie ebenfalls vor die Theodizeefrage führt, lässt sich kaum anders als im Einzelfall einer bestimmten Lerngruppe entscheiden. Ein anderes Thema, das sich heute aufdrängt und das deshalb in diesem Band vermisst werden könnte, betrifft die Digitalität oder den Transhumanismus, der den Schöpfungsglauben ablösen soll. Da diese Themen in dem Band »Digitalität gestalten« für den Unterricht erschlossen werden (der Band erscheint ebenfalls in dieser Reihe), sollen sie hier nicht erneut aufgenommen werden. Stattdessen können diese beiden Bände gut parallel und in wechselseitiger Ergänzung genutzt werden.

Unübersehbar ist und bleibt heute aber auch für junge Menschen, dass die verschiedenen Religionen, die vielfach auch in der eigenen Schule oder in der Lerngruppe präsent sind, sich zwar im Glauben an Gott zu treffen scheinen, dann aber doch sehr unterschiedliche Vorstellungen von Gott vertreten. Für viele Schülerinnen und Schüler ist es ausgesprochen spannend zu erfahren, wie andere hier denken und glauben, nicht zuletzt auch ihre Mitschülerinnen und -schüler.

Gerade beim Thema Gott im Religionsunterricht wird zugleich die Heterogenität der Schülerschaft bewusst. Das gilt nicht nur im Blick auf eigene Glaubensweisen oder die religiöse Sozialisation in der Kindheit. Es betrifft auch die höchst unterschiedlichen Arten und Weisen, in denen Menschen ihre Suche nach Gott gestalten. Das Spektrum reicht dabei von kurzen, gleichwohl mitunter aber persönlich sehr bedeutsamen Aussagen (»Daran kann ich nicht mehr glauben …«) bis hin zu anspruchsvollen philosophischen und theologischen Abhandlungen, in denen der Gottesglaube sorgfältig analysiert und das Für und Wider eines solchen Glaubens abgewogen wird. In dieser Hinsicht bietet der vorliegende Band einen reichen Fundus, aus dem sich Religionslehrkräfte je nach den Voraussetzungen in ihren Lerngruppen erfolgreich bedienen können.

Als Leiter des Tübinger Evangelischen Instituts für berufsorientierte Religionspädagogik (EIBOR) bin ich Cornelie Ayasse und Christina Krause überaus dankbar für die hier vorliegende Unterrichtshilfe. Aus meiner Sicht verdient sie es, in der Praxis vielfach genutzt zu werden und dadurch neue Möglichkeiten für einen erfolgreichen und persönlich bewegenden Religionsunterricht zu gewinnen.

*Friedrich Schweitzer*

1 Vgl. Friedrich Schweitzer, Golde Wissner, Annette Bohner, Rebecca Nowack, Matthias Gronover, Reinhold Boschki: Jugend – Glaube – Religion. Eine Repräsentativstudie zu Jugendlichen im Religions- und Ethikunter-richt. Münster, New York 2018; Golde Wissner, Rebecca Nowack, Friedrich Schweitzer, Reinhold Boschki, Matthias Gronover (Hg.): Jugend – Glaube – Religion II. Neue Befunde – vertiefende Analysen – didaktische Konsequenzen. Münster, New York 2020.

# 1 Wo kann man Gott finden?

*Cornelie Ayasse*

### Ideen zum Modul

Wo kann man Gott finden? Diese Fragestellung impliziert trotz zunehmender Säkularisierung bei jungen Menschen ein noch bestehendes Interesse an Religion und Glauben. Allerdings ist bei ihnen eine Distanz zur institutionalisierten Religion und Kirche festzustellen. Grundlegend bei der Frage nach Gott ist das Wissen um die Unverfügbarkeit Gottes. Gott ist und bleibt ein Geheimnis. Daher ist auch Gotteserfahrung nicht planbar und machbar, sondern immer ein Moment der Gottesnähe, geschenkt und unverdient. Wenn wir von der Vorstellung- und der Alltagswelt der jungen Erwachsenen ausgehen, ist meist wenig Raum für Gotteserfahrung und -begegnung. Die religiös heterogenen Berufsschulklassen bieten ein weites Spektrum an, das nicht nur als Herausforderung, sondern auch als wertvolle Möglichkeit angesehen werden kann. Hier ist Raum für unterschiedlichste Positionen zur Gottesfrage. Dialogorientierter Religionsunterricht fördert das Gespräch und den Austausch über unterschiedliche Religionen und ihre Gottesvorstellungen und ist grundlegend für die Module 1 und 2. Die Frage nach Gott soll neu ins Bewusstsein gebracht werden durch offenen Austausch untereinander und mit der Lehrkraft. Es ist viel erreicht, wenn Raum für Fragen und für die Ambivalenzen des Lebens im Unterricht eröffnet wird. Rasche Antworten sind hier nicht weiterführend.

### Verlaufsübersicht

Wo – an welchen Orten finden junge Menschen Gott? Das Modul spannt einen weiten Bogen – vom Stellenwert der Religionen und des Glaubens weltweit bis zu den individuellen persönlichen Vorstellungen, was nach dem Tod kommt. In unserer säkularisierten und gleichzeitig religiös heterogenen Gesellschaft ist eine Faszination gegenüber fremden Religionen nicht selten. Durch die Begegnung mit anderen Religionen können eine Vergewisserung und Profilierung des eigenen Glaubens geschehen oder Interesse an der eigenen Religion wieder geweckt werden. Entsprechend sind einige Bausteine konzipiert. Gott kann im Alltag auf der Autobahn gefunden werden, in der Natur, an den Grenzen unseres Lebens, in Wüstenerfahrungen und an fremden Orten wie dem Gefängnis.

### Unterrichtsbausteine

#### Baustein 1: Wo wird nach Gott gesucht?

M 1.1 Die Frage nach Gott – weltweit
M 1.2 Gott suchen ... Gott finden?!
M 1.3 Gott an fremden Orten finden?!

*Ziel:* die Schüler:innen nehmen wahr, dass weltweit die Frage nach Gott große Relevanz und Resonanz hat. Sie werden angeregt über ihre eigene Gottesvorstellung und den Ort der möglichen Gottesbegegnung zu reflektieren. Sie tauschen sich aus über die Unverfügbarkeit Gottes. Sie erfahren, dass Gott auch im Fremden zu finden ist und nicht nur im allzu Vertrauten und den eigenen Traditionen. Sie erarbeiten sich am Beispiel der Sikhs eine fremde Religion.

Hier könnte zusätzlich zu M1.2 anhand von Ex 3 erarbeitet und vertieft werden, was Unverfügbarkeit Gottes bedeutet.

#### Baustein 2: Gott im Alltag finden

M 1.4 Auf der Überholspur Gott finden?!
M 1.5 Auf dem Berg Gottes Nähe spüren

*Ziel:* Die Schüler:innen entdecken, dass Gott in profanen Bereichen wie der Autobahn zu finden ist und nehmen Stellung dazu.

Sie nehmen die Natur insbesondere die Berge als möglichen Ort der Gottesbegegnung – auch im interreligiösen Kontext – wahr.

#### Baustein 3: Gott an den Grenzen des Lebens finden

M 1.6 Gott an den Grenzen finden – am Beginn des Lebens!
M 1.7 Gott finden – in der Krise
M 1.8 Gott an unseren Grenzen finden

*Ziel:* Die Schüler:innen lernen, dass in einschneidenden Lebenserfahrungen Gott zu finden ist. Sie formulieren und reflektieren eigene Gedanken und Fragen zu diesen Grenzerfahrungen. Am Beispiel der Hagar beschreiben sie die Grundzüge eines biblischen Gottesbildes und beziehen dieses auf ihr eigenes Nachdenken über Gott. Sie setzen sich mit persönlichen Wüstenerfahrungen auseinander. Hier können weitere biblische Beispiele zur Vertiefung erarbeitet werden, z. B. Eliah, 1. Kön 19 oder Jesus in der Wüste (Mk 1,12 f. und Parallelstellen).

**Baustein 4: Gefängnis – ein Ort der Begegnung mit Gott**

M 1.9 Gott im Gefängnis finden
M 1.10 Gott im Mitmenschen finden

*Ziel:* Die Schüler:innen lernen die fremde Welt des Gefängnisses und ihrer Insass:innen kennen. Sie reflektieren, was dort die Begegnung mit Gott bewirken kann, und nehmen Stellung zu der Arbeit der Gefängnisseelsorge.

**Baustein 5: Gott nach dem Tod finden?!**

M 1.11 Tod – nicht das Ende, sondern der Beginn neuen Lebens?!

*Ziel:* Die Schüler:innen setzen sich mithilfe authentischer Äußerungen anderer junger Menschen mit den eigenen Vorstellungen zum Tod auseinander und kommen miteinander ins Gespräch.

Einen erfahrungsbezogenen Zugang bietet der Umgang mit Sterben und Tod des bekannten Youtubers Philipp Mickenberger, der 2021 mit 23 Jahre an Krebs gestorben ist.

# M 1.1 Die Frage nach Gott – weltweit

Schauen wir auf die Welt, setzt sich eine Mehrheit der Menschen mit der Frage nach Gott auseinander. Dahinter steht der Versuch auf existenzielle Fragen des Lebens eine Antwort zu finden. Wo komme ich her? Welchen Sinn hat mein Leben? Wie lebe ich es richtig? Was geschieht nach dem Tod?

Blick auf die Religionen weltweit

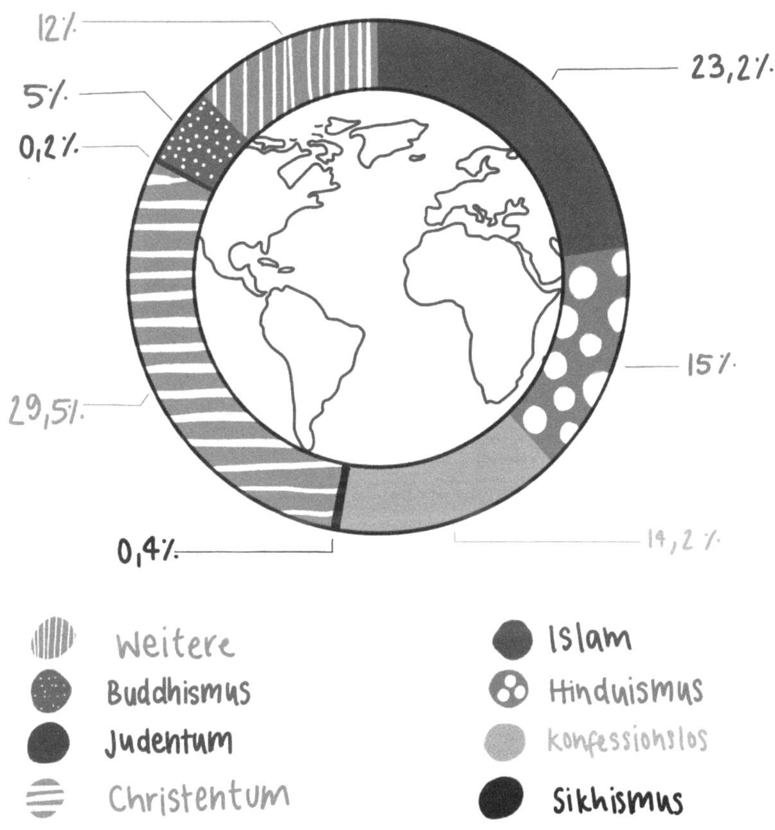


Quelle der Daten: Laenderdaten.info, abgerufen am 25.07.2023. Grafik: © Grauer

Werten Sie diese Statistik aus.

1. Recherchieren Sie: In welchen Ländern sind die fünf großen Weltreligionen und die Konfessionslosen besonders vertreten?
2. Beschreiben Sie, wie die Situation bei uns in Deutschland ist.

© Barbara Mack/pixabay

# M 1.2 Gott suchen ... Gott finden?!

© Grauer

1. Wo würden Sie hingehen, wenn Sie Gott suchen würden? Begründen Sie Ihre Wahl. Falls Ihnen kein Ort zusagt, wie müsste der Ort aussehen, an dem Sie Gott suchen würden?
2. Wo suchen Menschen Gott? Welche Eigenschaften müsste der Ort haben?
3. Diskutieren Sie die Aussage: »Gott ist für uns unverfügbar und bleibt ein Geheimnis!«

# M 1.3 Gott an fremden Orten finden?!

© ritu1991/pixabay

In den Sommerferien war ich mit meiner Familie in Indien. Besonders ist mir die Stadt Amritsar in Erinnerung geblieben, die als das religiöse Zentrum des Sikhismus gilt. Der goldene Tempel war unser Ziel. Wir besuchten die Tempelanlage am Nachmittag, da zu dieser Zeit im Tempel Verse aus dem Heiligen Buch rezitiert werden.

Beim Besuch mussten wir unsere Schuhe und Socken ausziehen. Dann liefen wir über einen langen Teppich zum Eingang. Frauen und Männer müssen ihren Kopf bedecken. Der Tempel wird täglich von tausenden Pilgern besucht. Trotz der ganzen Menschenmenge erschien die Tempelanlage in einem sehr sauberen Zustand. Ich sah oft Menschen, die den Boden reinigten. Es roch etwas säuerlich. Wie ich erfuhr, ist es ritueller Brauch, den Boden mit Milch im Tempel zu reinigen.

Zuerst umrundeten wir den Heiligen See und konnten dabei viele betende oder badende Gläubige beobachten. Teil der Anlage ist eine große Freiküche, die vegetarische Kost kostenlos an die Besucher austeilte. Gläubige Sikhs sehen es als Ehre an hier mitzuhelfen. Ich fand es sehr berührend, wie Hunderte Menschen am Tag dort ihre täglichen Mahlzeiten einnehmen dürfen, besonders weil leider auch viele Menschen sonst gar nichts oder nur wenig zu essen hätten.

Der eindrücklichste Teil unseres Besuches begann jedoch erst nach dem Sonnenuntergang. Der vergoldete Tempel schien in der Dunkelheit geradezu zu leuchten. Diese Situation, sich inmitten von zutiefst Gläubigen und betenden Menschen zu befinden, löste auch in mir eine spirituelle Ergriffenheit aus. Obwohl ich Christin bin, fand ich in dieser besonderen Atmosphäre einen unglaublich tiefen Zugang zu meinem Glauben. Ich spürte intensiver Gottes Nähe als in so manchen Kirchen. Der goldene Tempel war für mich der Höhepunkt meiner Indienreise und hat mich auch lange danach noch beschäftigt.

*Constanze Ayasse, 21*

1. Beschreiben Sie, was die Touristin beim Besuch des Goldenen Tempels beeindruckt hat.
2. Sie spürt hier eine besondere Nähe zu Gott. Wie kann man sich das erklären?
3. Haben Sie ähnliche Erfahrungen gemacht, dass Sie Gott an einem überraschend fremden Ort entdecken? Tauschen Sie sich darüber aus.
4. Recherchieren Sie über die Religion der Sikhs und schreiben Sie dazu einen Lexikonartikel.

# M 1.4 Auf der Überholspur Gott finden?!

Wenn Sie an »Autobahn« denken, was fällt Ihnen dazu ein? Sammeln Sie Ihre positiven wie negativen Gedanken mit Ihren Sitznachbar:innen und halten Sie diese fest.

Positiv

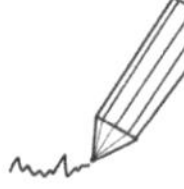

Negativ

Deutschland ist Autobahn-Land. 2019 war das Netz 13.141 km groß. Eher unbekannt ist, dass auch Raum für Gott auf der Autobahn ist. Es gibt 44 Kirchen und Kapellen an der Autobahn. Rund eine Million Menschen besuchen jedes Jahr eine Autobahnkirche. Jedes Jahr im Juni wird der Tag der Autobahnkirchen begangen.

© Grauer

1. Recherchieren Sie über Autobahnkirchen und ihre Besucher:innen in Deutschland im Internet: https://www.autobahnkirche.de/abk/index.html. Halten Sie die wesentlichen Fakten schriftlich fest.
2. Wann würden Sie eine Autobahnkirche aufsuchen?
3. Wie müsste eine Autobahnkirche aussehen, die Sie Ihren Freund:innen empfehlen würden?
4. Tauschen Sie sich in der Gruppe aus und präsentieren Sie Ihr Ergebnis der Klasse.

# M 1.5 Auf dem Berg Gottes Nähe spüren

© pexels/pixabay

In einer Kirche war er schon lange nicht mehr – Peter, 32, Informatiker. Aber ihn treibt es immer wieder hinaus, [...] bergauf. Was ihn treibt? Das Naturerlebnis? Ein Freiheitsgefühl? Der sportliche Kick? Wahrscheinlich von allem etwas [...] denn immer wieder kam er erfüllt von seinen Touren zurück – manchmal sogar irgendwie verwandelt. Wie stand auf dem Gipfelkreuz neulich: »Viele Wege führen zu Gott, einer davon über die Berge.« Das machte ihn neugierig; und deshalb fand er es interessant, als er [...] von spirituellen Bergtagen las, die die Evangelische Kirche in Bayern unter der Überschrift »Berge erleben – Gott nahe sein« anbot. [...] Das reizte ihn. Und nun war er unterwegs, mit zehn anderen, ganz unterschiedlichen Menschen, die doch alle eines verband: die Liebe zu den Bergen und die Sehnsucht nach dem MEHR. Spirituelle Impulse wechselten sich ab mit Phasen schweigenden Gehens oder dem Austausch auf dem Weg zu zweit. Der gleichmäßige Rhythmus beim Steigen, das bewusste Atmen, ein Bibelvers im Murmelmodus auf den Lippen: »Ich hebe meine Augen auf zu den Bergen. Woher kommt mir Hilfe?« (Psalm 121,1–2). Irgendwie öffnete sich bei ihm die Verbindungstür zwischen körperlichen und geistigen Bergerfahrungen. Er spürte, wie der Weg auf den Berg ein Sinnbild für sein eigenes Leben wurde und wie ihm die Impulse aus der Bibel und die Gespräche mit den anderen neue Perspektiven eröffneten und ihm neue Kräfte zuwuchsen. Ja, irgendwie kam ihm das Raufsteigen wie ein Raussteigen in eine andere, eine transzendente, spirituelle Sphäre vor. Nach drei Tagen mit zwei Hüttenübernachtungen kam er wieder ins Tal zurück; und er hatte eine Ahnung davon, wie viel Wahrheit in diesem Satz steckt: »Viele Wege führen zu Gott, einer davon über die Berge.«

Thomas Roßmerkel: Bergspiritualität, in: EKD (Hg.): Beteiligung auf Zeit. Individuelle Zugehörigkeit am Beispiel der Tourismuskirchenarbeit. EKD Texte 132, Hannover 2019, 25.

1. Beschreiben Sie die Erfahrung von Peter. Was erlebt er beim Bergsteigen?
2. Was wird er davon mit in den Alltag nehmen?
3. Berge spielen in vielen Religionen eine besondere Rolle. Wählen Sie als Gruppe eine Weltreligion aus und recherchieren Sie dazu. Fassen Sie Ihre Ergebnisse auf einem Plakat zusammen.
4. Präsentieren Sie in der Klasse die Ergebnisse und diskutieren Sie über Berge als mögliche Orte der Gottesbegegnung.

# M 1.6 Gott an den Grenzen finden – am Beginn des Lebens!

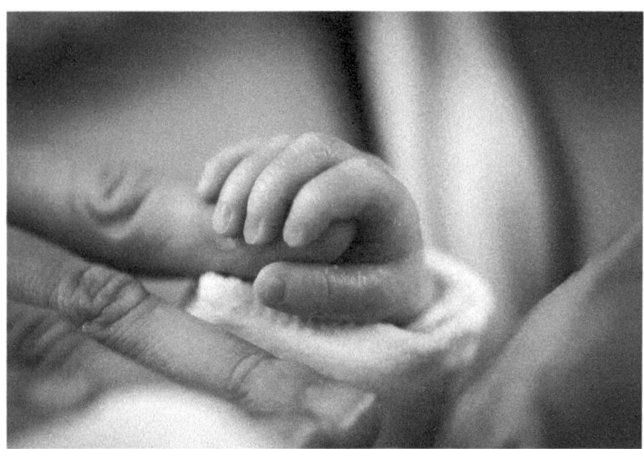

© SeppH/pixabay

© fancycrave/pixabay

**Die Geburt eines Babys – ein Wunder**

In meinem Beruf als Hebamme bin ich täglich von Wundern umgeben. Sobald ein Baby das Licht der Welt erblickt, wird es ganz ruhig im Raum und ich fühle mich Gott ganz nahe. Die Eltern betrachten ihr Neugeborenes voller Stolz und Liebe und ein neuer Lebensabschnitt beginnt für die Familie. Ich empfinde es als ein sehr großes Privileg, in diesem Moment an der Seite der Eltern zu sein, sie zu unterstützen und dem Baby auf die Welt zu helfen. Natürlich gibt es in meinem Beruf auch Notfälle, in denen man sehr schnell und vor allem richtig handeln muss. Auf meinem Arbeitsweg zum Krankenhaus denke ich oft darüber nach, was wohl dieser Tag bringen wird und ob ich die richtigen Entscheidungen treffen werde. Mir hilft dann mein Vertrauen in Gott, denn ich weiß, ich bin nicht alleine und kann auf seine Hilfe zählen. Für dieses Gottvertrauen bin ich sehr dankbar. Einige meiner Kolleginnen sind nicht gläubig und hadern schwer mit der großen Verantwortung, die dieser Beruf mit sich bringt. In der 16. Schwangerschaftswoche höre ich zum ersten Mal den Herzschlag eines Babys ab. Die Eltern sind dann oft sehr gerührt und ich sehe in ihren Gesichtern pure Freude und großes Glück. Doch leider gibt es auch Problemschwangerschaften und man muss als Hebamme die richtigen Worte finden, um den Eltern das Problem zu erklären, sie zu beruhigen ohne zu beschönigen und einen Plan erstellen. Und wenn diese Eltern auch an Gott glauben, dann kann ich auf einer anderen Ebene mit ihnen sprechen. Hebamme ist meiner Meinung nach einer der schönsten Berufe, den es gibt und ich ergriff diesen Beruf, um Familien während der Schwangerschaft, der Geburt und auch mit dem Neugeborenen zu unterstützen und Ratschläge zu geben. Er hat viel mit Nächstenliebe zu tun – ein wichtiger Teil unseres christlichen Glaubens.

*Barbara Sand, Hebamme*

1. Was meint Barbara Sand mit der Aussage: »In meinem Beruf als Hebamme bin ich täglich von Wundern umgeben«?
2. Wie schildert die Hebamme den Augenblick der Geburt?
3. Warum ist Geburt eine Grenzerfahrung – und ein Ort einer möglichen Gottesbegegnung?

# M 1.7 Gott finden – in der Krise

**Trau dich, zu fragen!**
**Eine Klinikseelsorgerin erzählt**

Ich habe einen Notruf aus der Klinik erhalten mit der Bitte, mich um einen Patienten zu kümmern. Er sei verzweifelt und wolle nicht mehr leben, nachdem der Krebs erneut in seinem Körper entdeckt wurde. Der junge Mann ist noch keine dreißig Jahre alt. Tom (Name geändert) sitzt im Bett, in Trikot und Shorts als wär er auf dem Weg zum Training. Ich sage, nachdem ich mich kurz vorgestellt habe: »Sie sehen aus, als würden Sie gerne Sport machen.« Die Stimme wird brüchig, als er antwortet: »Ja, aber damit ist es nun vorbei. Ich werde sterben, schon bald. Der Krebs kam so plötzlich zurück und die Krankheit ist stärker als ich. Nie mehr Volleyball, kein Training, keine Turniere. Die Mannschaft wird ohne mich spielen.« Er weint heftig. Ich reiche ihm ein Tempo, warte, schweige, bin einfach nur da.

Er braucht weder Mutmach-Sprüche, noch Mitleid. Er braucht einen Menschen, der das Unfassbare mit ihm aushält, der zuhört. Irgendwann wird er ruhiger. Ich frage, ob er fit genug ist, mit mir raus zu gehen. Die Natur ist ein großartiger Ort, um der Seele neue Kraft zu geben. Draußen scheint die Sonne, die Vögel zwitschern, am Himmel breitet ein Bussard seine Flügel aus. Wir atmen tief durch und schlendern zu einer Bank im Schatten einer alten Buche. Die Welt scheint hier draußen eine andere zu sein.

»Wenn meine Freunde aus der Mannschaft sich trauen würden, wenigstens zu fragen wie es mir geht«, sagt Tom. »Die haben Schiss vor der Antwort oder dass ich die Beherrschung verliere. Sie wissen nicht, was sie sagen sollen. Verstehe ich. Aber fragen könnten sie. Fragen würde mir schon guttun.« Dieses Fragen ist jetzt mein Part.

Das kostet Mut. Mut, den sich schwer kranke oder sterbende Menschen von anderen wünschen. In der Bibel heißt es: »Alles hat seine Zeit – schweigen hat seine Zeit, reden hat seine Zeit …«. Eine Stunde lang höre ich Tom zu, frage nach, erfahre viel über die heimtückische Krankheit, über den Rückhalt durch Freunde und Familie, über Frust im Beruf und ungelebte Träume. Erfahre auch, dass er ein Patenkind hat und dass er sich nicht mehr traut, zu beten, weil ja doch nicht eintrifft, was er sich so sehnlichst wünscht. Unser Gespräch öffnet ihm eine neue Perspektive: Es ist nicht selbstverständlich, dass er all die komplizierten Therapien und Operationen bisher geschafft hat. Eine große Kraft steckt in ihm, er hat Freunde und eine Familie, die ihn stützt. Als ich ihn schließlich frage, ob ich für ihn beten darf, meint er: »Ja! Und ich bete mit.«

Wir bitten um Kraft für den nächsten Schritt, Kraft für den Weg, der vor ihm liegt. Und wir danken für diese Begegnung, die uns beide bewegt. »Das ist Balsam für meine Seele gewesen. Danke!«, sagt er im Anschluss.

Als wir uns verabschieden, sagt er: »Ich danke Ihnen. Am liebsten würde ich Sie umarmen.« Ich lache: »Nur zu! Dafür bin ich da.«

© congerdesign/pixabay

*Beate Hofmann, ev. Klinikseelsorgerin, Uniklinik Tübingen*

1. Was hilft dem jungen Mann in der Krise?
2. Was meint er mit dem Satz: »Das ist Balsam für meine Seele gewesen«?

# M 1.8 Gott an unseren Grenzen finden

*Die Bibel erzählt immer wieder von Grenzerfahrungen. Menschen sind in Not und wissen nicht mehr weiter. In diesen Situationen begegnen sie Gott. Oft ist die Wüste der Ort, an dem Menschen in der Krise sind. Auch Hagar flieht in die Wüste. Sie war die ägyptische Magd von Sarai und Abram. Da Sarai ungewollt kinderlos war, musste Hagar als Leihmutter herhalten. Abram schwängerte sie und die Dreierkonstellation wurde schwierig.*

**1. Mose 16,4–15**

[4] [...] Als sie merkte, dass sie schwanger war, sah sie auf ihre Herrin herab. [5] Da sagte Sarai zu Abram: »Mir geschieht Unrecht, und du bist schuld. Ich war es doch, die dir meine Magd gegeben hat. Kaum ist sie schwanger, sieht sie auf mich herab. Der Herr soll zwischen dir und mir entscheiden!« [6] Abram antwortete Sarai: »Sie ist deine Magd und in deiner Hand. Mach mit ihr, was du für richtig hältst.« Daraufhin behandelte Sarai ihre Magd so schlecht, dass diese ihr davonlief. [7] Ein Engel des Herrn fand Hagar an einer Wasserquelle in der Wüste. Sie war am Brunnen auf dem Weg nach Schur. [8] Der Engel fragte: »Hagar, du Magd Sarais, wo kommst du her und wo gehst du hin?« Sie antwortete: »Ich bin auf der Flucht vor meiner Herrin Sarai.« [9] Da sagte der Engel des Herrn zu ihr: »Kehre zu deiner Herrin zurück und ordne dich ihr unter!« [10] Weiter sagte der Engel des Herrn zu ihr: »Ich werde deine Nachkommen so zahlreich machen, dass man sie nicht zählen kann.« [11] Der Engel des Herrn fügte hinzu: »Du bist schwanger und wirst einen Sohn zur Welt bringen. Den sollst du Ismael, ›Gott hat gehört‹, nennen. Denn der Herr hat dich gehört, als du ihm deine Not geklagt hast. [12] Dein Sohn wird heimatlos sein wie ein Wildesel. Er wird mit allen im Streit liegen und getrennt von seinen Brüdern wohnen.« [13] Hagar gab dem Herrn, der mit ihr geredet hatte, den Namen El-Roi, das heißt: Gott sieht nach mir. Denn sie hatte gesagt: »Hier habe ich den gesehen, der nach mir sieht.« [14] Darum nannte man den Brunnen Beer-Lahai-Roi, das heißt: Brunnen des Lebendigen, der nach mir sieht. [...] [15] Hagar brachte Abrams Sohn zur Welt. Er nannte den Sohn, den Hagar geboren hatte, Ismael.

BasisBibel, © 2021 Deutsche Bibelgesellschaft, Stuttgart

© Grauer

1. Warum flieht Hagar? Fassen Sie die Wüstenerfahrung der Hagar zusammen.
2. Wie verläuft ihre Begegnung mit Gott?
3. El-Roi »Gott sieht nach mir« – so benennt Hagar den Ort. Was bedeutet dieser Name?
4. Die Wüste gilt als Symbol für Lebenssituationen, die besonders herausfordernd sind und eine Klärung brauchen. Haben Sie schon eine solche Wüstenerfahrung gehabt? Was hat Ihnen dabei geholfen? Tauschen Sie sich darüber aus.

# M 1.9 Gott im Gefängnis finden

**Ein Gefängnisseelsorger erzählt von seiner Arbeit**

Ich arbeite in der JVA Heilbronn. Dort sitzen etwa 350 Gefangene eine kurze oder auch längere Strafe ab. Seelsorge verstehe ich als eine Form der Begleitung von Menschen in einer Krise. Und das Gefängnis ist für viele ein Ort der Krise.

»Ich war im Gefängnis und ihr seid zu mir gekommen«, sagt Jesus einmal in Matthäus 25, Vers 36 und formuliert dabei eines seiner sieben Werke der Barmherzigkeit. Für mich ist dies der biblische Auftrag für meine Arbeit als Gefängnisseelsorger. Ich begleite Menschen, die straffällig geworden sind auf ihrem Weg im Gefängnis. Ich versuche Gefangene in ihrem Bemühen zu bestärken, ihr Leben neu auszurichten und möglichst straffrei zu bleiben. Inhaltlich geschieht dies vor allem durch Gespräche, die durch die seelsorgerliche Schweigepflicht (Beichtgeheimnis) geschützt sind. Zuhören, sich einfühlen, dem Gegenüber offen, achtsam und lernbereit begegnen und geistlich begleiten sind wesentliche Elemente meiner Arbeit mit den Gefangenen. Gemeinschaftliche Erlebnisse wie das Feiern von Gottesdiensten oder das Singen im Gefangenchor gehören mit dazu. Ich bin offen für Menschen aller Religionen. Darüber hinaus begleite ich Menschen, die im Gefängnis arbeiten. Ich verstehe mich auch als Ansprechpartner für Angehörige von Gefangenen. Neben dem biblischen Auftrag in Matthäus 25,36 trägt mich mein persönlicher Glaube. Ich bin davon überzeugt, dass Gott jedem Menschen eine unverlierbare Würde verliehen hat. Dass sich Gott jedem Menschen zuwendet und dass wir jederzeit zu ihm kommen können. Umkehr, Veränderung, eine Neuausrichtung des eigenen Lebens ist für mich bei Gott möglich. Denn nach meiner Überzeugung vergibt Gott allen Menschen ihre Schuld, die sie vor ihm bekennen. Mit Gottes Hilfe kann sich so ein Leben mit Zukunft und Hoffnung eröffnen. Immer wieder spüre ich aber, dass meine Arbeit hinter den Gefängnismauern anstrengend ist. Deshalb achte ich auch auf mich selbst. Eine meiner geistlichen Kraftquellen ist das Leben in meiner Kirchengemeinde, in der ich wohne. Dazu gehört auch der Besuch vom Gottesdienst außerhalb der Gefängnismauern. Hier erfahre ich innere Stärkung, aber auch Anregungen für meine Arbeit. Das tägliche Gebet, aber auch naturnahe Erlebnisse und inspirierende Musik gehören dazu.

*Jochen Stiefel, Gefängnisseelsorger*

1. Wie versteht der Gefängnisseelsorger seine Arbeit? Wie sieht sie konkret aus? Was sind seine eigenen Kraftquellen für seine Arbeit?
2. Warum kann gerade im Gefängnis die Frage nach Gott aufbrechen?
3. Stellen Sie sich vor: Die Kirchen müssen sparen und jetzt wird überlegt, die Gefängnisseelsorge aufzugeben. Sammeln Sie Argumente für und gegen diese Idee und diskutieren Sie in der Klasse.

# M 1.10 Gott im Mitmenschen finden

**Erfahrungen eines Gefängnisseelsorgers**

Als Gefängnisseelsorger arbeite ich in der JVA Heilbronn. Hier sitzen etwa 350 Männer eine Freiheitsstrafe ab. Etwa gut die Hälfte würden von sich sagen »Ich bin Christ«. Etwa jeder dritte bekennt sich zum Islam. Die Muslime haben ein starkes Interesse an den praktischen Fragen ihrer Religion, z. B. das Praktizieren der täglichen Gebete oder das Lesen im Koran. In manchen Gefängnissen gibt es bereits ein Freitagsgebet. Christen schätzen das persönliche Gespräch mit mir, dessen Inhalt niemand erfährt. Über ihre Probleme in Beziehung oder Familie, über ihre weiteren Lebensperspektiven, über Fragen der Tat und Schuld oder auch über religiöse Fragen. Ab und zu möchte einer von mir eine Bibel oder sie lassen sich taufen. Sie möchten damit zeigen, dass sie zur Kirche gehören und Gott nahe sind.

Meine Erfahrung ist, dass Gott sich sehr wohl im Gefängnis finden lässt. Schon im 1. Kapitel der Bibel wird der Mensch als »ein Ebenbild Gottes« beschrieben. Im Gesicht eines Menschen, eines Gefangenen, eines Straftäters lässt er sich finden.

Ich denke an den jungen Gefangenen, der in eine neue Zelle verlegt wurde. Sein neuer Mitbewohner war Christ. Beide redeten über den Glauben. Sie beteten zusammen. Nach und nach entdeckte der junge Mann seinen Glauben und eine neue Nähe zu Gott. Dazu gehörte auch der Wunsch, über seine Schuld zu reden und vor Gott zu beichten. Über den Zuspruch der Vergebung war er sehr dankbar.

Gott finden im Gefängnis. Ein leitender Mitarbeiter im Gefängnis meinte in den schlimmsten Corona-Zeiten mit Lockdown: »Da hilft nur noch beten.« Ich bot diesem Menschen vertraulich an, für ihn zu beten. Er war sehr erleichtert und hat sich bedankt.

Gott finden im Gefängnis. Dazu gehören auch religiöse Rituale. Religiöse Handlungen, die uns die transzendente Welt Gottes erschließen. Zum Beispiel beim Anzünden einer Kerze vor dem Kreuz im Gottesdienst am Sonntagmorgen.

Gott finden im Gefängnis. Auch in der Musik – im Gefangenchor. Musik berührt die Seele. Gott – sein Heiliger Geist ist spürbar am Wirken. Auch hinter dicken Gefängnismauern.

*Jochen Stiefel, Gefängnisseelsorger*

1. Beschreiben Sie, wie Gott sich im Gefängnis finden lässt.
2. Überlegen Sie, was es für Menschen dort bedeutet, sich Gott nahe zu fühlen? Zu welchen Veränderungen könnte es bei ihnen führen?
3. Recherchieren Sie über das »Schwarze Kreuz«: https://naechstenliebe-befreit.de
4. Sie wollen ehrenamtlich mitarbeiten und melden sich bei der Aktion »Schwarzes Kreuz« für eine Briefpartnerschaft mit einem Gefangenen. Entwerfen Sie einen Antwortbrief für einen Gefangenen. Seine Frage ist: Hat Gott mich vergessen? Wo kann ich ihn finden?

# M 1.11 Tod – nicht das Ende, sondern der Beginn neuen Lebens?!

Früher dachte ich nicht an Gott und das Leben danach bzw. wusste nicht, ob ich glauben soll. Aber durch Angst vor dem Tod und viel Nachdenken über den Sinn des Lebens glaube ich an Gott. Ich weiß nur nicht, ob das Glauben oder Hoffen ist. (w, 18, rk, RU)

Ich glaube fest daran, dass etwas nach dem Tod kommt. (m, 16, ev, RU)

Durch den Selbstmord meines Kumpels wurde mein Glaube an Gott zuerst schwächer, da ich nicht verstehen konnte, wie er dies zulassen konnte, doch nun bin ich an dem Punkt, wo ich einfach nur hoffe, ihn wiedersehen zu können. Ich möchte mir nicht vorstellen, dass es nach dem Tod vorbei ist. (w, 17, rk, RU)

Ein Leben nach dem Tod ist ein schöner Gedanke. Ich kann neuen Mut und neue Hoffnung schöpfen, wenn ich in einer schwierigen Situation bin, das war früher nicht so. (w, 16, ev, RU)

Durch den Tod meines Opas. Ich konnte mich nicht von ihm verabschieden und ich frage mich, ob ich ihn bei Gott wiedersehen werde ... (m, 16, rk, RU)

Ich habe eine persönliche Bedeutung für mich gefunden. Bei einem Todesfall durch Krebs war »Gott« die einzige Instanz, mit der ich »sprechen« konnte (obwohl es nichts an der Situation veränderte). (w, 17, ev, RU)

Tod meines Vaters. Bei der Beerdigung hat der Pfarrer Worte ausgesprochen, die mich zum Nachdenken gebracht haben. (w, 18, ev, RU)

Der Tod meiner Oma. Dieses Ereignis hat meinen Glauben an Gott geschwächt. Es gibt auch keine Nachweise dafür, dass man in den Himmel/Paradies gelangt und dort weiterleben kann. (w, 19, rk, RU)

EIBOR/KIBOR (Hg.): Jugend – Glaube – Religion. Schüleräußerungen für die Praxis, 2019.

1. Welcher Aussage können Sie zustimmen? Welcher widersprechen Sie? Markieren Sie die Aussage entsprechend.
2. Welche Aussage möchten Sie gerne diskutieren?
3. Was denken Sie: Gibt es ein Leben nach dem Tod – findet man da Gott? Formulieren Sie Ihre Gedanken dazu schriftlich.

# 2 Wie kann man Gott finden?

Cornelie Ayasse

### Ideen zum Modul

»Religion ist nicht Denken, Religion ist wesentlich Erfahrung, sie ist gelebtes, auch erlittenes Schicksal und nicht Theorie.« Diese Aussage von Navid Kermani steht im Hintergrund dieses Moduls (s. Navid Kermani: Jeder soll von da, wo er ist, einen Schritt näher kommen, München 2022, 120). Dass Religion zunächst Erfahrung bedeutet, und erst dann Wissen, ist einleuchtend. Wie sieht es aber mit religiösen Erfahrungen bei jungen Menschen aus? Fakt ist: Die religiösen Kernpraktiken und Formen wie Gottesdienst und Beten sind bei einem Großteil der Jugendlichen aktuell nicht mehr besonders gefragt. Und doch ist eine Sehnsucht nach etwas Größerem, Umfassenderem auch bei ihnen zu finden. Hier ist die heterogene Klasse als Chance zu sehen, die durch Gespräch und Austausch über religiöse Erfahrungen zur eigenen Reflexion anregt. Dabei sind sowohl die individuellen als auch die gemeinschaftlichen Aspekte religiöser Praktiken relevant. Im Trend liegt Religion bzw. Religiosität als ein sehr persönliches Thema zu verstehen. Das heißt, Religion ist Privatsache und für einen Gutteil der Jugendlichen gilt, dass man mit anderen nicht gerne über die eigene Religiosität oder auch die eigene Areligiosität spricht. Es gibt aber religiöse Praktiken wie das Einhalten des Ramadans, die ob ihrer konsequenten und herausfordernden Einhaltung Respekt und auch Neugierde bei den Schüler:innen auslösen. Daher liegt ein Akzent des Moduls auf muslimischen religiösen Praktiken, die dann zum Vergleich mit der eigenen christlichen anregen.

### Verlaufsübersicht

Das Modul spannt einen Rahmen von der Erfahrung, dass Stille zu Gott führen kann bis hin zur Gemeinschaftserfahrung, die junge Menschen in Taizé erleben. Beten, Fasten und Pilgern sind religiöse Praktiken, die heute auch bei jungen Menschen auf Interesse stoßen.

### Unterrichtsbausteine

#### Baustein 1 Gott in der Stille finden

M2.1 Gott finden – offline?!

*Ziel:* Die Schüler:innen assoziieren mit den Begriffen »Stille« und »Schweigen« ihre eigenen Erfahrungen. Sie setzten sich kreativ mit dem Projekt eines Raumes der Stille in der Schule auseinander und erkennen, dass Stille einen Resonanzraum für Gottesbegegnung öffnet. Hier können biblische Texte zur Vertiefung herangezogen werden wie 1. Kön 19,11–13 oder Jes 30,15. Zur Vertiefung als Literaturtipp: Klaus Berger: Schweigen, eine Theologie der Stille, Freiburg 2021.

#### Baustein 2 Gott beim Beten finden

M2.2 Gott im Gebet finden
M2.3 Gott ist immer nur ein Gebet entfernt

*Ziel:* In diesem Baustein stehen das Gebet und die persönlichen Erfahrungen damit im Mittelpunkt. Die Schüler:innen reflektieren anhand authentischer Schüler:innenäußerungen ihre eigene Gebetspraxis. Sie lernen durch die persönliche Checkliste, dass Beten eine individuelle Ausdrucksform des Gottesglaubens ist. Sie sind sprachfähig, um sich über Schwierigkeiten beim Beten auszutauschen.

#### Baustein 3: Gott durch Fasten finden

M2.4 Gott finden – beim Fasten
M2.5 Gott finden – Fasten im Ramadan
M2.6 Gott finden – bei einer gemeinsamen Fastenaktion

*Ziel:* Die Schüler:innen lernen, dass Fasten im Islam ein wichtiger Bestandteil ist. Sie erfahren durch authentische Äußerungen junger Muslim:innen, was Fasten für den Glauben bewirkt. Sie vergleichen das Fasten im Islam mit Fasten in einer anderen Weltreligion. Sie lernen durch die Fastenaktion in einer Schule das Friedenspotenzial der Religionen kennen. Sie erfahren, dass Religionen nebeneinander bestehen und einander bereichern können, statt sich auszuschließen.

**Baustein 4: Gott durch Pilgern finden**

M2.7 Gott finden – beim Pilgern in Mekka
M2.8 Pilgern – Beten mit den Füßen

*Ziel:* Die Schüler:innen lernen, dass der Hadsch für Muslim:innen als religiöse Pflicht den Glauben stärken kann. Sie setzen sich mit dem Thema Pilgern auseinander und erarbeiten sich am Beispiel des Klimapilgerns eine aktuelle, attraktive Erscheinungsform.

**Baustein 5: Gott in der Gemeinschaft finden**

M2.9 Gott finden – gemeinsam in Taizé

*Ziel:* Die Schüler:innen lernen Taizé kennen als Ort, an dem junge Menschen gemeinsam über existenzielle Fragen nachdenken und Gottesdienst feiern. Sie nehmen Gemeinschaft als Kern des Glaubens wahr und setzen sich mit den Angeboten der Kirchen in Deutschland kritisch auseinander. In Taizé hat die Stille einen hohen Stellenwert. Damit schließt sich der Kreis zum Einstieg des Moduls vgl. M2.1.

# M 2.1 Wo Gott finden – offline?!

© Grauer

1. Notieren Sie Ihre Assoziationen zu den zwei Begriffen:

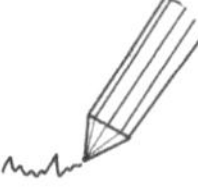

Stille

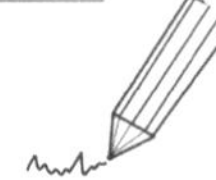

Schweigen

2. Kurzes Experiment: Versuchen Sie als Klasse eine kurze Zeit still zu sein (3 Minuten).
3. Wann waren Sie das letzte Mal ganz offline und hatten Ruhe oder Stille in Ihrem Leben?
4. Wo finden wir heute noch Stille?
5. Sie haben als Klasse den Wunsch in der Schule einen *Raum der Stille* einzurichten.
   a) Überlegen Sie gemeinsam in der Gruppe, wie der Raum gestaltet sein soll.
   b) Fertigen Sie eine Zeichnung an von Ihrem angedachten Raum der Stille.
   c) Formulieren Sie im Anschluss einen ausführlichen Antrag an die Schulleitung (Begründung, Größe, Ausstattung, Verwendung u. a.)

Infokarte für Raum der Stille an einer beruflichen Schule
© Christina Krause

# M 2.2 Gott im Gebet finden

Wenn man betet, spürt man einfach, dass man von Gott geführt wird und dass er auch da ist und ansprechbar ist. […] Wenn man betet, beruhigt das einen auch, man kann dann wirklich über alles reflektieren nochmal und einfach Jesus den Tag übergeben. (w, 17, rk, RU)

Ich spiele Fußball und es bringt mir schon was, wenn ich vor dem Spiel bete, das habe ich gemerkt. Das kann auch sein, dass das irgendwie psychologisch ist, denn ich habe auch mal vergessen zu beten und habe dann schlecht gespielt, aber es ist auf jeden Fall so, dass es mir hilft. (m, 18, rk, RU)

Ich bete auch jetzt, nicht nur in schweren Zeiten, ich bete auch wenn es mir gut geht und danke einfach, dass ich gesund bin und bei mir so alles gut läuft und es beruhigt dann einfach. (w, 24, ev, RU)

Jetzt so überaus religiös würde ich mich selber nicht bezeichnen. Ich gehe nicht jeden Sonntag in die Kirche und auch nicht jedes Ostern und jedes Weihnachtsfest, aber ich glaube trotzdem an Gott und ich bete genauso. (w, 24, ev, RU)

Es ist ja so, dass ich schon verstehen kann, warum das vielen etwas bringt. Und es hat natürlich so eine autosuggestive Wirkung beim Beten, so in stiller Einkehr, sowas Ähnliches wie Achtsamkeit, dass man sich dann beruhigt und dann schöpft man dadurch Kraft. Ich glaube nicht, dass über einer Wolke dann Gott sitzt und sagt: »oh er betet, ich schenke ihm Kraft«, sondern, dass das eben andere Gründe hat. (m, 28, rk, k. A.)

Ich brauche das auch, vor allem in schwierigen Situationen, dass ich irgendwie einen Halt habe. Also wenn ich mich alleine fühle zum Beispiel. […] Ich bete schon öfters und ich fühle mich – auch so eine Verbundenheit spüre ich zu Gott. Aber es ist halt nicht jeden Tag. Also nur in schwierigen Situationen. (w, 19, rk, RU)

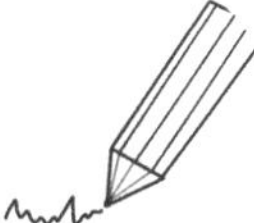

EIBOR/KIBOR (Hg.): Jugend – Glaube – Religion. Schüleräußerungen für die Praxis, 2019.

1. Welcher Äußerung stimmen Sie zu? Welcher Äußerung widersprechen Sie?
2. Wie lautet Ihre Antwort heute auf die Frage: Beten Sie? Bitte begründen Sie Ihre Antwort.

# M 2.3 Gott ist immer nur ein Gebet entfernt

**Checkliste zum Beten**

✓ Dazu brauche ich Ruhe.
✓ Kein besonderer Ort ist notwendig.
✓ Mir hilft ein regelmäßiger Rhythmus.
✓ Ehrlichkeit und Offenheit mitbringen.
✓ Ich kann am besten mit meinen Worten beten.
✓ Mir helfen Rituale – ich schreibe gern das Gebet auf oder entzünde eine Kerze dabei.
✓ Ich gehe in die Kirche und habe dort meinen Lieblingsplatz fürs Beten.
✓ Abends lasse ich den Tag an mir vorüberziehen und danke Gott für seine Nähe.
✓ Alles ist erlaubt – ich kann Gott danken, ihn aber auch anklagen. Keine Zensur!
✓ Ich kann auch schweigen – gerade, wenn mir die Worte fehlen.
✓ Es gibt Gebete, die schon vielen Menschen vor mir geholfen haben: das Vaterunser oder die Psalmen.
✓ Jeder Zeitpunkt ist richtig – Gott ist da.
✓ Mir helfen die Körperbewegungen, denn das Gebet sollte vom Kopf her den ganzen Menschen erfüllen.
✓ Ich brauche beides – Beten allein und in der Gemeinschaft.
✓ Fünf Mal am Tag bete ich als Muslim:a, das ist eine der Fünf Säulen im Islam.

© Grauer

1. Ergänzen Sie die Checkliste.
2. Kreuzen Sie an, was bei Ihnen zutrifft.
3. Tauschen Sie sich in der Kleingruppe über die Checkliste aus.
4. Was macht Beten schwer? Tauschen Sie sich darüber aus.

# M 2.4 Gott finden – beim Fasten

Das Fasten im Fastenmonat Ramadan ist eine der fünf Säulen des Islam. Für praktizierende Muslime bedeutet das 29 bis 30 Tage der Enthaltsamkeit von Sonnenauf- bis Sonnenuntergang. Am Ende steht eines der höchsten Feste im Islam, mit Familienfeier und Geschenken. Der Ramadan ist der neunte Monat im islamischen Mondjahr. Da der Mondkalender kürzer ist als der Sonnenkalender, wandert der Ramadan rückwärts durch das Kalenderjahr und findet folglich jedes Jahr zu einem früheren Zeitpunkt statt. [...] Im Ramadan sind Musliminnen und Muslime dazu aufgerufen, von Sonnenaufgang bis Sonnenuntergang auf Essen, Trinken, Rauchen und Geschlechtsverkehr zu verzichten. Mit dem ersten Sonnenstrahl fängt das Fasten an. Bis zum Einbruch der Dunkelheit heißt es nun: Nichts darf in den Körper hinein, nur bei Medikamenten gibt es Ausnahmen. Das Fastengebot gilt in gleicher Weise für Männer und Frauen. [...] Durch ihre Enthaltsamkeit im Fastenmonat Ramadan drücken Muslime ihre Dankbarkeit für das aus, was sie haben, und Mitleid für die Menschen, die wenig haben. Erst wenn die Sonne am Horizont verschwunden ist, kann das Abendessen Iftar beginnen – häufig mit einem Glas Wasser sowie einer Dattel und im Kreis von Freunden und Verwandten. Fällt der Ramadan in den Hochsommer, liegen zwischen dem Iftar-Mahl nach Sonnenuntergang und dem Frühstück vor Sonnenaufgang nur wenige Stunden. Befreit vom Fasten sind Alte und Kranke, Kinder, Schwangere und Reisende sowie Soldaten im Krieg. Der Ramadan ist auch der Monat der guten Taten und der Läuterung von Körper und Seele. Mitmenschlichkeit und Versöhnung stehen im Mittelpunkt, die Gläubigen entrichten die Armensteuer Zakat oder unterstützen Bedürftige. Höhepunkt des Ramadans ist im letzten Drittel des Fastenmonats die Lailat al-Qadr – die Nacht der Bestimmung, in der nach der Überlieferung dem Propheten Mohammed erstmals Koranverse offenbart wurden. Viele Muslime beten dann die ganze Nacht durch und hoffen auf Vergebung ihrer Sünden. An den Ramadan schließt sich das drei Tage andauernde Fest des Fastenbrechens Id al-Fitr an, das äußerlich dem christlichen Weihnachtsfest ähnelt. Im Türkischen wird es auch »Zuckerfest« – Şeker Bayramı –genannt.



Christina Argilli/Christoph Lefherz: Islam: Was ist der Fastenmonat Ramadan?, Sonntagsblatt 15.03.2023, https://www.sonntagsblatt.de/artikel/weltreligionen/fastenmonat-ramadan-islam.

1. Erarbeiten Sie sich die wesentlichen Fakten zum Monat Ramadan mithilfe des Textes.
2. Suchen Sie sich in der Gruppe eine andere Weltreligion aus und recherchieren Sie im Internet, wie Fasten in dieser Religion praktiziert wird. Präsentieren Sie Ihr Ergebnis der Klasse.

# M 2.5 Gott finden – Fasten im Ramadan

Im Ramadan verzichten Muslim:innen nicht nur auf Nahrung – für sie ist es ein spiritueller Monat. Wir haben junge Muslim:innen gefragt, wieso sie fasten und was es mit ihnen macht.

Als kleines Kind habe ich gelegentlich gefastet. Erst als ich älter wurde, habe ich durchgefastet. Es tut mir gut. Leute, die mich kennen, wissen, dass ich das Fasten sehr genieße. Während des Fastens kommt mein Körper zur Ruhe. Außerdem ist der Ramadan ein sehr spiritueller Monat. Aber ehrlich gesagt, glaube ich, dass man das nur nachvollziehen kann, wenn man auch fastet und religiös ist. Fasten bedeutet nicht, dass man nur hungert. *Es bedeutet auch, dass man sich von schlechten Einflüssen freihält.* [...] Ich finde *in Deutschland haben die älteren Menschen wenig Verständnis dafür,* wenn man fastet. In der Schulzeit haben meine Lehrer mich immer bemitleidend angeguckt und ständig Fragen gestellt ...

Filiz, 21

Ich faste, seit ich zwölf Jahre alt bin. Damals habe ich es meinen Eltern nachgemacht. Heute faste ich, weil es Pflicht ist für die Muslime. Ich habe mit der Zeit aber auch gemerkt, dass das Fasten mir guttut. *Im Ramadan werde ich ruhiger* und ich beginne mein Umfeld mehr zu beobachten. Außerdem fühle ich mit den Menschen mit, die nicht jeden Tag etwas zu essen und zu trinken haben. [...] Einmal musste ich mich auch bei meiner Politiklehrerin rechtfertigen. Sie fand es sinnlos und belastend für die Jugendlichen, die sich durch das Fasten überfordert haben. Deswegen ist es wichtig, dass man für sich versteht, wieso man fastet.

Yassin,22

Ich habe mit 13 Jahren mit dem Fasten angefangen. [...] Im Ramadan bin ich geduldiger und etwas ruhiger. Ich versuche im Ramadan *nicht nur zu fasten, sondern auch mehr zu beten* und ein besserer Mensch zu sein. Ich stehe jeden Morgen dafür auf und frühstücke vor Sonnenaufgang, da es für mich eine segensvolle Mahlzeit ist. Ich habe mal einen Ramadan lang in der Türkei gefastet, dort haben fast alle gefastet. Das war natürlich sehr schön. Aber in Deutschland habe ich trotzdem keine Probleme damit. Denn ich finde, *Fasten ist etwas sehr Persönliches.* Es ist mir egal, ob meine Freunde und Familie fasten oder nicht fasten. Trotzdem kann es echt anstrengend sein, wenn immer wieder gefragt wird, ob es in Ordnung ist, wenn man vor mir isst: Es ist okay!

Muhammed, 20

Hatice Kahraman: Fasten: So erleben junge Muslime den Ramadan, Spiegel 04.06.2016, https://www.spiegel.de/panorama/ramadan-wie-fasten-junge-muslime-a-00000000-0003-0001-0000-000000606208.

1. Lesen Sie die Aussagen der jungen Muslime. Wo haben Sie Rückfragen bzw. Anmerkungen? Welche Aussage möchten Sie gerne diskutieren?
2. Welche Wirkung hat der Ramadan bei ihnen?
3. Glauben Sie, dass man Gott durch Fasten näherkommen kann? Tauschen Sie sich darüber aus.

# M 2.6 Gott finden – bei einer gemeinsamen Fastenaktion

### Aktion in der christlichen Fastenzeit

Die Fastenzeit-Aktion sollte ein Zeichen setzen für mehr Offenheit, Akzeptanz und Toleranz. Dazu gab es eine bunt und anziehend gestaltete Stellwand im Foyer unserer Schule, auf der mit Bildern und kurzen Texten die Schülerinnen und Schüler angeregt wurden, sich mit der Frage auseinanderzusetzen, wie ein gutes Zusammenleben nicht nur im Mikrokosmos Schule gelingen kann, bei dem aber auch der oder die Einzelne nicht ins Abseits gerät. Als sichtbares Zeichen wurden bunte Herzen im Foyer der Schule aufgehängt, die der »Herzensaktion« entsprungen sind: Die Schülerinnen und Schüler waren eingeladen, auf buntem Origamipapier aufzuschreiben, was ihr Herzenswunsch für ein gedeihliches Zusammenleben in unserer krisengeschüttelten Gesellschaft ist.

### Jüdisches Esther-Fasten

Informationen rund um das Esther-Fasten und das darauffolgende Purimfest bildeten die Grundlage für die jüdische Stellwand, welche noch mit Ballons dekoriert wurde. Daneben gab es das Angebot, traditionelle Hamantaschen zu backen und gemeinsame Fotos mit ausgelegten Deko-Elementen zu schießen.

Eine Fastenzeit-Aktion in der Schule unter dem Motto »be unique – live united«

### Muslimischer Fastenmonat Ramadan

Als letzte Aktion wurden die bereits bestehenden Wände um die Ramadan-Wand erweitert, die im Anschluss eine Gegenüberstellung aller drei Fastenzeiten beinhaltete. Diese wurden u. a. im Hinblick auf Zeit und Dauer, Ablauf, Ursprung, Ziele, Rituale und, wer davon ausgeschlossen ist, miteinander verglichen. Interaktive Aktionen waren anlässlich der Nacht der Bestimmung das Aufsteigen von Ballons, mit selbstverfassten Wünschen der Schülerinnen und Schüler und im Rahmen des Fests des Fastenbrechens das Backen und Verteilen von Kadayif und Zuckertüten in der Schule.

Text und Bilder: Religion- und Ethiklehrer:innen Julia Schaab, Rachaa Chahade und Thomas Loy, Mildred-Scheel-Schule in Böblingen.

1. Was kann und soll mit einer solchen Aktion erreicht werden?
2. Diskutieren Sie, warum eine solche Aktion gerade in der Fastenzeit Sinn macht.
3. Gemeinsamkeiten zwischen den Religionen stärken! Warum ist das heute wichtig?

# M 2.7 Gott finden – beim Pilgern in Mekka

© Konevi/pixabay

**Şeyma, 27**

Der Wunsch, eines Tages nach Mekka und Medina zu reisen, ist bereits früh bei mir aufgekommen. Für mich war jedoch immer klar, dass ich diese besondere Erfahrung mit meinem Lebenspartner machen wollte. Glücklicherweise konnte mein Mann diese Sehnsucht teilen, sodass wir ein Jahr nach unserer Hochzeit den Hadsch angetreten sind. [...] Der Hadsch ist, anders als die anderen Pflichten, oft ein einmaliges Ereignis, das gut vorbereitet werden sollte. Neben der spirituellen Stärkung und der Aneignung von Wissen über Rituale bis hin zur Entstehungsgeschichte des Hadsch, sind wir regelmäßig im Wald joggen gewesen, um körperlich fit zu sein. Dies erwies sich als erforderlich, wenn man bedenkt, dass wir am Tag bis zu 30 Kilometer gelaufen sind.

Vor der Reise beschäftigten mich Gedanken zu den bevorstehenden Herausforderungen, die mir von Pilgern [...] berichtet wurden. Menschenmassen, die ungewohnte Hitze und die körperliche Anstrengung wurden häufig angesprochen. Neben den Sorgen waren aber auch die Vorfreude, Aufregung und Neugierde groß. Und es stellte sich sehr bald heraus, dass meine Befürchtungen unbegründet waren. Es ist bemerkenswert, wie Menschen aus aller Welt, geprägt von unterschiedlichsten Traditionen und Lebensumständen, im engsten Raum unter der prallen Sonne geduldig und freundlich zueinander sind, miteinander lachen und füreinander beten. Insbesondere der rücksichtsvolle und familiäre Umgang unter den Pilgern hat meine Wahrnehmung stark geprägt. Auch bei mir selbst bemerkte ich eine Ruhe, Geduld und Gelassenheit, die ich in dieser Form nicht von mir kannte. Ich fühlte mich, als sei ich von einer langen beschwerlichen Reise endlich zu Hause angekommen.

Bei der Kaaba in Mekka und auch in der Prophetenmoschee in Medina fühlte ich mich geborgen. [...] Mir gefiel besonders, dass alle Menschen ähnlich gekleidet waren. Die Männer im weißen Ihram und die Frauen in ihren langen Gewändern konnten nicht nach weltlichen Unterscheidungsmerkmalen wie Gesellschaftsklasse oder Bildungsgrad unterschieden werden. Dies bekräftigte bei mir das Gefühl, dass vor Allah alle Menschen ungeachtet ihrer Hautfarbe, Größe und Alter gleich sind und nur ihre Taten und Nähe zum Schöpfer entscheiden. Rückwirkend betrachtet bin ich froh, die körperlich herausfordernde Reise in jungen Jahren angetreten zu sein. Somit konnte ich uneingeschränkt alles erkunden und erfahren. Die Pilgerfahrt nach Mekka hat vor allem die Beziehung und Verbundenheit zu meinem Schöpfer noch weiter gestärkt.

Zwei Perspektiven zum Hadsch: Junge Musliminnen erzählen, was ihnen die Pilgerreise bedeutet, ze.tt 20.08.2018, https://www.zeit.de/zett/2018-08/zwei-perspektiven-zur-hadsch-junge-musliminnen-erzaehlen-was-ihnen-die-pilgerreise-bedeutet.

1. Recherchieren Sie, was der Hadsch ist und wie er abläuft.
2. Beschreiben Sie, wie sich Seyma vorbereitet hat und wie sie den Hadsch erlebt hat.
3. Was hat die Pilgerfahrt bei ihr bewirkt?
4. Was halten Sie vom Pilgern als religiöse Pflicht? Sammeln Sie Argumente.

# M 2.8 Pilgern – Beten mit den Füßen

© Dagmarbendel/pixabay

© analogicus/pixabay

Doch was ist es, das heute Menschen beim Pilgern begeistert? Es ist vermutlich die Erfahrung des gänzlich Anderen, die den Aussteigern auf Zeit die Hoffnung gibt, dass ein anderes Leben möglich ist. Da ist zum einen die Ausrichtung auf eine überschaubare Tätigkeit: »Ich setze einfach immer nur einen Fuß vor den anderen und vertraue darauf, dass ich schon irgendwie ankomme.« Allein diese Beschränkung im Wollen und Tun beschreibt einen gewaltigen Kontrapunkt zur hektischen Zerstückelung des Alltags mit überbordenden Anforderungen. Die regelmäßige Tagesstruktur und das gleichförmige Gehen tun ein Übriges. Das Laufen mag anfangs ungewohnt sein und die Etappen können körperlich anstrengend werden, doch spätestens, wenn nach ein paar Tagen der eigene Rhythmus gefunden ist, fehlt etwas, wenn das Laufen tageweise ausgesetzt wird oder das Ende des Pilgerwegs erreicht ist. Sich körperlich zu erfahren, ist dabei für viele ein ganz wesentlicher Aspekt. Besonders diejenigen erleben es als beglückend, die ihrem Leib im Alltag zu wenig Beachtung schenken. Dem dauerüberforderten Geist ist die Erfahrung von Natur, Weite und Ruhe ohnehin ein willkommenes Geschenk: »Ich fühle mich ganz bei mir und vollkommen im Hier und Jetzt!« Selbst die Beschränkung auf nur wenige Dinge, die mitgeführt werden, wird als Befreiung erlebt: »Es ist erstaunlich, mit wie wenig ich auskommen kann!« Wohltuend scheint auch das Erfahren der Wirklichkeit durch das Erlaufen des Raums zu sein. »Das Denken und Wahrnehmen beim Laufen verändert sich ...« Es scheint, als drohten Zusammenhänge leichter verloren zu gehen, wenn geschwindigkeits- und mobilitätsbedingt die Wirklichkeit nur noch in einzelnen Konstrukten erfahren wird. Ob eine religiöse Erfahrung gesucht wird oder nicht: Pilgern ist Beten mit den Füßen, denn letzthin schafft das Unterwegssein die Offenheit zur Begegnung – mit den anderen, mit sich selbst und mit Gott.

*Kerstin Meinhar*

Kerstin Meinhar: Pilgern – Beten mit den Füßen, Franziskaner – Magazin für franziskanische Kultur und Lebensart, Sommer 2019.

1. Fassen Sie den Artikel mit Ihren Worten zusammen.
2. »Pilgern ist Beten mit den Füßen, denn letzthin schafft das Unterwegssein die Offenheit zur Begegnung – mit den anderen, mit sich selbst und mit Gott.« – Nehmen Sie Stellung zu dieser Aussage.
3. Heute ist für viele Menschen Klimapilgern angesagt. Recherchieren Sie dazu unter: www.klimapilgern.de. Tauschen Sie sich darüber aus.

# M 2.9 Gott finden – gemeinsam in Taizé

© 4456933/pixabay

Ein wundersamer Ort ist Taizé, dieses graue Bauerndorf in der französischen Provinz, das so gar nichts bietet, um für Teenager attraktiv zu sein — keine Sporthalle, kein Café, keine Disco, nicht mal einen Laden. Und doch pilgern jedes Jahr 100.000 Jugendliche zu diesem Hügel in Burgund mit der riesigen Betonkirche, den abgenutzten Übernachtungsbaracken, den Bänken unter freiem Himmel, die immer im Dreieck stehen. Nie sitzt einer am Rand.

Taizé ist ein Ort der Gemeinschaft, der aufrichtigen Begegnung, das macht ihn für Jugendliche so anziehend. [...] In Taizé rollen Jugendliche ihren Schlafsack aus neben Gleichaltrigen aus Irland, Spanien, Südamerika und erleben plötzlich, dass es nicht seltsam ist, nach Gott zu fragen, [...] Sie treffen auf junge Christen aus aller Welt, sie spüren, wie Kirche sein sollte: universell, verbindend, eine leidenschaftliche Bewegung, die ihre Hoffnung auf Jesus setzt, den radikalen Menschenfreund und Vertreter der Schwachen. In Taizé ist Glaube Praxis: Die Jugendlichen kochen, putzen, diskutieren miteinander und drei Mal am Tag versammeln sie sich im gewaltigen Rumpf der Versöhnungskirche, sitzen auf dem Boden wie sie mögen, ziehen die Schuhe aus, werden heimisch in einem Gotteshaus. Und dann bleiben sie nach dem Abendgebet, feiern in der Kirche weiter ihr Beisammensein, singen bis tief in die Nacht die Lieder von Taizé, die den Geist weiten und zugleich zum Selbst führen, an die inneren Quellen des Friedens und der Stille. Es herrscht kein Zwang in Taizé, Jugendlichen wird dort nichts verordnet. In der Freiheit aber lassen sie aufblühen, was an Begeisterung, Freude, Hoffnung in ihnen ist. Darum ist Taizé ein spirituelles Kraftzentrum. [...] In Taizé konzentriert sich alles auf die Begegnung zwischen Menschen. Und plötzlich ermöglicht das die Begegnung mit Gott. [...]

Aber Taizé ist nicht nur ein Ort des puristischen christlichen Miteinanders. Dieser Jugendtreff hat über die Jahrzehnte hinweg nicht an Anziehungskraft verloren, weil er getragen wird von den Brüdern einer Ordensgemeinschaft. Sie haben sich auf Dauer für ein Leben in Einfachheit, Freude und Barmherzigkeit entschieden. Das sind die drei Leitbegriffe aus der Bergpredigt, an denen Frère Roger, der Gründer von Taizé, sein Leben und das der Bruderschaft ausgerichtet hat. Noch während des Zweiten Weltkriegs ging der junge evangelische Theologe mit einigen Gefährten aus der Schweiz nach Frankreich, um [...] im einfachen Leben auf dem Land, Christus zu folgen. Die ersten Brüder von Taizé betrieben Landwirtschaft, sie kümmerten sich um Flüchtlinge, um Kriegsgefangene, nahmen Waisenkinder auf. Einer barbarischen Zeit setzten sie so Zeichen der Versöhnung entgegen.

*Dorothee Krings*

Dorothee Krings: Geschichten aus Taizé: Taizé – Pilgerort der Jugend, Rheinische Post 24.12.2013, RP Online: https://rp-online.de/kultur/taize-pilgerort-der-jugend/taize-pilgerort-der-jugend_aid-14399537.

1. Recherchieren Sie über diesen besonderen Ort Taizé und tauschen Sie sich darüber aus (https://www.taize.fr/de).
2. Was finden junge Menschen dort, was sie in den Kirchen in Deutschland nicht finden?

# 3 Gott in Bildern finden

*Christina Krause*

### Ideen zum Modul

Wenn Theolog:innen und Philosoph:innen von Gott reden, dann immer wieder abstrakt. Die biblischen Texte gehen einen anderen Weg: sie erzählen. Sie beschreiben Gott durch Geschichten und (Sprach-)Bilder. Dadurch entsteht ein Gottesbild, das vielschichtig ist und bleibt, dass manchmal auch sperrig ist und ungemütlich. Das trösten kann und in Beziehung zu Menschen tritt. Gott lässt sich in diesen Bildern finden.

Diese Bilder sind allerdings vielfältig und deutungsbedürftig. Das ist ihr großer Vorteil, denn dadurch kann niemals ein statisches Gottesbild daraus werden. Wenn unterschiedliche Menschen zu unterschiedlichen Zeiten an unterschiedlichen Orten mit einer je eigenen Geschichte die Bilder jeweils anders deuten, kommen immer wieder neue Aspekte zum Vorschein, wird mal das eine, mal das andere stärker gewichtet. Dadurch kann Gott immer wieder neu und persönlich entdeckt und in gewisser Weise auch »aktualisiert«, also auf die konkreten Lebensverhältnisse der Lesenden und Hörenden bezogen werden.

Doch zugleich liegt darin ein Nachteil: Bei so vielen unterschiedlichen Deutungsmöglichkeiten wird es zu Widersprüchlichkeiten kommen, werden Interpretationen sich auch gegenseitig ausschließen. Welche Sichtweise, welche Deutung ist die »richtige«?

Das biblische Bilderverbot wehrt sich gegen so eine Vorstellung von »richtig« und »genau so und nicht anders ist Gott«. Auch wenn beim Bilderverbot primär die Erstellung eines Kultbildes im Blick war, geht es dem biblischen Bilderverbot darüber hinaus um die Feststellung, dass Gott niemals in unseren Vorstellungen und Bildern aufgehen wird. Gott ist größer als jedes Bild und mehr als die Summe seiner Teile.

Vielleicht ist für Jugendliche dieser Gott genau deshalb so schwer zu fassen, weil er (oder sie?) mehrperspektivisch erzählt und gedeutet wird.

Für Jugendliche ändert sich in dieser Lebensphase des Erwachsenwerdens alles – und so auch ihr Gottesglaube. Das anthropomorphe Gottesbild der Kindheit mit altem Mann und weißem Bart auf einer Wolke trägt nicht mehr. Stattdessen spielen die Schlagworte »*Verinnerlichung, Verpersönlichung und Abstraktion*« (Schweitzer 2010, 222) eine immer stärkere Rolle. Manche wenden sich in dieser Lebensphase von dem Gott, der nur die anthropomorphen Züge der eigenen Kindheit trägt, ab, andere lassen ihr Gottesbild reflektierend erwachsen werden.

Die Studie »Jugend – Glaube – Religion« aus dem Jahr 2018 hat genau nach den konkreten Gottesvorstellungen von Jugendlichen und jungen Erwachsenen gefragt. Etwas mehr als die Hälfte der Befragten stimmt der Aussage zu »Ich glaube an Gott.« Gott wird von ihnen häufig als höhere Macht beschrieben – aber nicht (immer) im Sinne eines traditionell christlichen Gottes. Viele Jugendliche äußern dennoch die Vorstellung eines persönlichen Gottes, der in Beziehung zu Menschen tritt. Gott scheint für Jugendliche kein distanzierter Gott zu sein, sondern ein »Gott, mit dem man kommunizieren kann und der Sicherheit vermittelt« (Schweitzer u. a. 2018, 78).

Der Glaube an Gott als Schöpfer ist für viele ein selbstverständlicher Teil ihres Gottesbildes, für andere steht diese Aussage im Widerspruch zur wissenschaftlichen Erklärung der Welt. Diese Widersprüche, die die Studie aufzeigt, kommen auch im Klassenzimmer auf und wollen reflektiert werden. Denn die Studie hält zusammenfassend fest, dass es den Jugendlichen nicht darum geht, nur tradierte Vorstellungen zu übernehmen, sondern dass sie sich ein eigenes Bild von Gott machen wollen. (Schweitzer u. a. 2018, 214–216). Genau darum geht es in diesem Modul.

### Unterrichtsbausteine

#### Baustein 1: Annäherungen an mein Gottesbild

M3.1 Wenn Gott …
M3.2 Was Jugendliche über Gott denken
M3.3 Wie ich mir Gott vorstelle: Gott ist …
M3.4 Nah dran – weit weg: mein Verhältnis zu Gott in meinem Leben

*Ziel:* Die Schüler:innen benennen unterschiedliche Gottesvorstellungen. Sie setzen sich mit diesen auseinander und formulieren eine erste eigene Stellungnahme zu ihrer Sicht auf und ihrem Verhältnis zu Gott.

**Baustein 2: Unterschiedliche Vorstellungen von Gott**

M3.5 Wie sich verschiedene Gruppen Gott vorstellen
M3.6 Wie ein christliches Kind sich Gott vorstellen kann
M3.7 Wie ein muslimisches Kind sich Gott (nicht) vorstellen kann
M3.8 Gott wird da sein - ein jüdisches Gottesbild
M3.9 Etwas Größeres als wir - ein islamisches Gottesbild
M3.10 Gott geht in die Knie - ein christliches Gottesbild
M3.11 Gott 3 in 1 gedacht - Gott als Trinität

*Ziel:* Die Schüler:innen nehmen Gottesvorstellungen unterschiedlicher Personen und Gruppen wahr. Dabei entdecken sie die Vielfalt unterschiedlicher Gottesbilder in den drei monotheistischen Religionen Judentum, Christentum und Islam. Gemeinsamkeiten und Unterschiede werden dabei deutlich.

**Baustein 3: Gott als Schöpfer, der heute noch handelt**

M3.12 Gott als Schöpfer
M3.13 Halbe (Schöpfungs-)Geschichte
M3.14 Ein Gott, der wartet und Däumchen dreht ...

*Ziel:* Die Schüler:innen setzen sich mit der zentralen Aussage der jüdisch-christlichen Tradition von Gott als Schöpfer auseinander. Sie setzten Gottes Schöpfungshandeln mit ihrem eigenen Handeln in Beziehung und positionieren sich zur Frage, ob Gottes Schöpfungshandeln abgeschlossen oder auch heute noch offen ist.

**Baustein 4: Gott ist mehr**

M3.15 Mehr als ein Bild - das biblische Bilderverbot
M3.16 Gott ist mehr als die Summe seiner Teile

*Ziel:* Die Schüler:innen fassen abschließend die Überlegungen zum Gottesbild bzw. zu den Gottesbildern zusammen. Durch Bezugnahme auf das biblische Bilderverbot wird deutlich, dass Bilder immer nur Versuche sind, Gott zu fassen. Auf kreative Weise beziehen die Schüler:innen Position zu ihren eigenen Gottesbildern, inwiefern unterschiedliche Vorstellungen miteinander in Verbindung stehen, zusammenhängen, sich ergänzen oder auch widersprechen. Sie formulieren für sich ein Gesamtbild ihrer Gottesvorstellung.

**Literatur**

Navid Kermani: Jeder soll von da, wo er ist, einen Schritt näher kommen. Fragen nach Gott, München 2022.

Manfred Lütz: Gott. Eine kleine Geschichte des Größten, Pattloch, München 2007.

Markus Mürle: Wie effizient ist Gott? Auffassungen von Gott bei Jugendlichen und jungen Erwachsenen an Beruflichen Schulen. Glaube – Wertebildung – Interreligiosität, Band 24, Münster, New York 2021.

Friedrich Schweitzer: Lebensgeschichte und Religion. Religiöse Entwicklung und Erziehung im Kindes- und Jugendalter, Gütersloh [7]2010.

Friedrich Schweitzer, Golde Wissner, Annette Bohner, Rebecca Nowack, Matthias Gronover, Reinhold Boschki: Jugend – Glaube – Religion. Eine Repräsentativstudie zu Jugendlichen im Religions- und Ethikunterricht. Münster, New York 2018.

Golde Wissner, Rebecca Nowack, Friedrich Schweitzer, Reinhold Boschki, Matthias Gronover (Hg.): Jugend – Glaube – Religion II. Neue Befunde – vertiefende Analysen – didaktische Konsequenzen. Münster, New York 2020.

# M 3.1 Wenn Gott ...

© Ntoumas, Antonios/pixabay | Text: Luft nach oben. Der Sonntagskalender 2021, Edition chrismon, Evangelische Verlagsanstalt Leipzig.

1. Beschreiben Sie, welche Merkmale Gott hätte, wenn er oder sie so aussehen würde wie Sie selbst.
2. Beschreiben Sie, mit welchen Merkmalen Sie sich Gott vorstellen.
3. »Wenn Gott so aussehen würde wie du – würdest du dann eher oder weniger an ihn glauben?« – Beantworten Sie diese Frage, indem Sie Stellung dazu beziehen.

# M 3.2 Was Jugendliche über Gott denken

In einer Jugendstudie zu Religion und Glaube mussten Jugendliche folgende Fragen beantworten:

**Was meinen Sie: Gott oder das Göttliche ist für mich persönlich ...**

| *In jede Zeile bitte ein Kreuz!* | trifft gar nicht zu | | | | | | | trifft voll zu |
|---|---|---|---|---|---|---|---|---|
| ... eine Energie. | ☐ | ☐ | ☐ | ☐ | ☐ | ☐ | ☐ | ☐ |
| ... etwas, das mir Sicherheit gibt. | ☐ | ☐ | ☐ | ☐ | ☐ | ☐ | ☐ | ☐ |
| ... nur von Menschen ausgedacht. | ☐ | ☐ | ☐ | ☐ | ☐ | ☐ | ☐ | ☐ |
| ... eine höhere Macht. | ☐ | ☐ | ☐ | ☐ | ☐ | ☐ | ☐ | ☐ |
| ... etwas, auf das ich mich verlassen kann. | ☐ | ☐ | ☐ | ☐ | ☐ | ☐ | ☐ | ☐ |
| ... die Natur. | ☐ | ☐ | ☐ | ☐ | ☐ | ☐ | ☐ | ☐ |
| ... jemand, zu dem man sprechen kann. | ☐ | ☐ | ☐ | ☐ | ☐ | ☐ | ☐ | ☐ |
| ... – damit kann ich nichts anfangen. | ☐ | ☐ | ☐ | ☐ | ☐ | ☐ | ☐ | ☐ |

Friedrich Schweitzer, Golde Wissner, Annette Bohner, Rebecca Nowack, Matthias Gronover, Reinhold Boschki: Jugend – Glaube – Religion. Eine Repräsentativstudie zu Jugendlichen im Religions- und Ethikunterricht. Münster, New York 2018, 77–80.

1. Führen Sie die Befragung durch und kreuzen Sie an den für Sie passenden Stellen an.
2. Tauschen Sie sich innerhalb der Klasse über Ihre Ergebnisse aus.
3. Vergleichen Sie die Ergebnisse mit den Ergebnissen aus der Studie (siehe unten).

---

**Tendenzielle Zustimmung der Jugendlichen in der Studie (in Prozent):**

| | |
|---|---|
| ... eine Energie | 29 % |
| ... etwas, das Sicherheit gibt. | 49 % |
| ... nur von Menschen ausgedacht | 32 % |
| ... eine höhere Macht | 34 % |
| ... etwas, auf das ich mich verlassen kann. | 35 % |
| ... die Natur | 29 % |
| ... jemand, zu dem man sprechen kann | 47 % |
| ... – damit kann ich nichts anfangen | 27 % |

# M 3.3 Wie ich mir Gott vorstelle: Gott ist ...

1. Schreiben Sie in möglichst viele Felder jeweils eine Eigenschaft, die Sie mit Gott in Verbindung bringen. Tauschen Sie sich mit jemandem aus der Klasse über Ihre Begriffe aus.
2. Ergänzen Sie evtl. Begriffe, die Sie durch das Gespräch neu entdeckt haben.
3. Rahmen Sie die fünf wichtigsten Begriffe mit einer Farbe ein.
4. Formulieren Sie aus Ihren fünf Begriffen einen kleinen Text, der so beginnt: »Gott ist ...«
5. Tauschen Sie sich in der Klasse über Ihre Texte aus.

# M 3.4 Nah dran – weit weg: mein Verhältnis zu Gott in meinem Leben

1. Stellen Sie sich und Ihr Verhältnis zu Gott auf einem Bild dar!
   Dazu bekommen Sie einen roten und einen blauen Faden sowie ein weißes Blatt Papier.

Der rote Faden steht für Sie selbst.
Sie können sich in drei Formen darstellen.

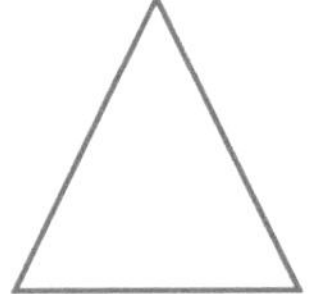

Der blaue Faden steht für Gott.
Sie können sich in drei Formen darstellen.

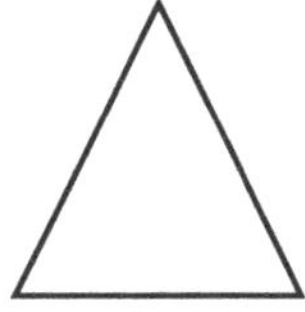
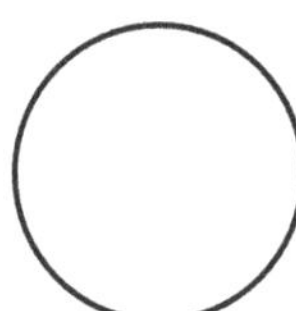
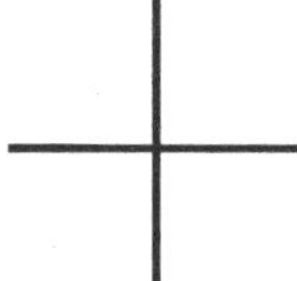

2. Bitte legen Sie die Fäden in den Formen auf das Papier. Probieren Sie verschiedene Dinge aus, bevor Sie sich am Ende für eine Variante entscheiden. Sie können die Größen verändern. Sie können die Fäden auch verbinden. Sie können die Formen nahe zusammenlegen oder weit auseinander.
3. Wenn Ihr Bild fertig ist, kleben Sie die Fäden auf.
4. Tauschen Sie sich mit jemandem aus der Klasse über Ihre Bilder aus.

© Markus Spiske/pexels

# M 3.5 Wie sich verschiedene Gruppen Gott vorstellen

Das Sinus-Institut hat vor über 40 Jahren angefangen, bestimmte Gruppen der Gesellschaft in sog. Sinus-Milieus zu unterteilen. Dabei erfolgt die Einteilung nach verschiedenen Faktoren wie die »Soziale Lage« (d. h. Unter-, Mittel- und Oberschicht) sowie die »Grundorientierung (d. h. Tradition, Modernisierung und Neuorientierung). Heraus kommen dabei verschiedene Gruppen, die sich in Lebensauffassung und Lebensweise ähnlich sind.

Diese Sinus-Milieus wurden auch auf verschiedene kirchliche Fragestellungen hin untersucht, u. a. auf die Frage nach der Vorstellung von Gott.

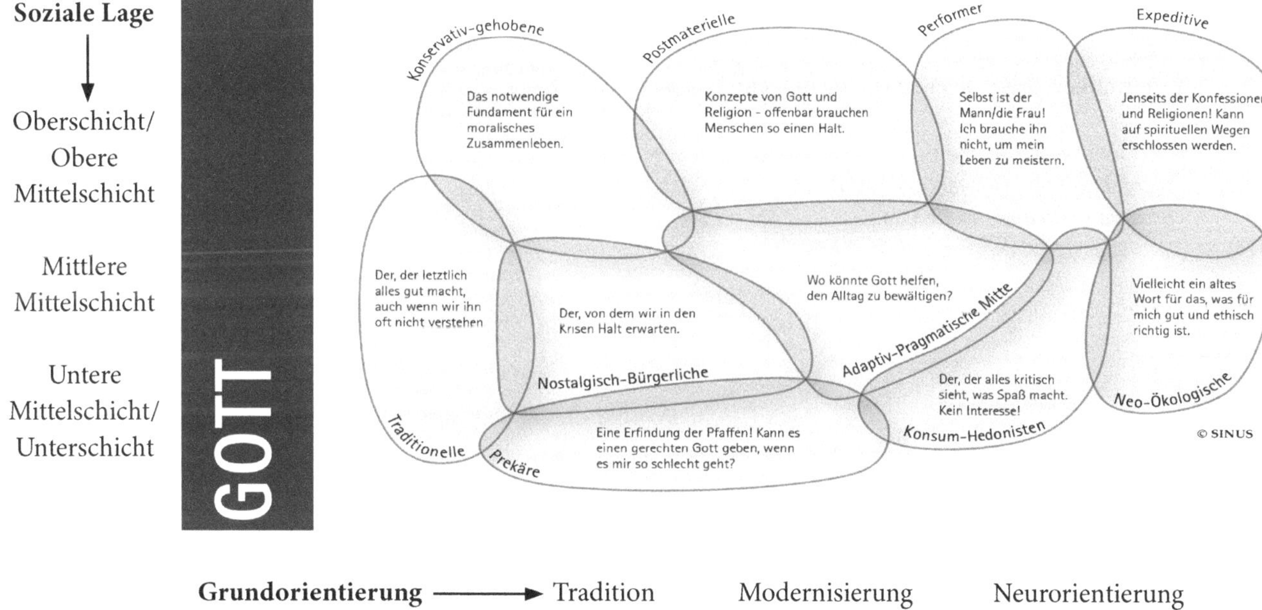


© Zentrum für Gemeindeentwicklung und missionale Kirche

1. Streichen Sie alle Blasen durch, die für Sie keine Bedeutung haben. Lassen Sie dabei aber mindestens drei Blasen stehen.
2. Tauschen Sie sich mit einer anderen Person in Ihrer Klasse darüber aus, welche Blasen Sie durchgestrichen haben bzw. welche Sie am meisten überzeugen.
3. Entscheiden Sie sich für eine Blase, die für Sie am besten zutrifft. Begründen Sie Ihre Entscheidung.
4. Nennen Sie ein Beispiel für Ihre Gottes-Vorstellungs-Blase.

# M 3.6 Wie ein christliches Kind sich Gott vorstellen kann

Mattis, ein evangelischer Junge in der fünften Klasse, malt im Religionsunterricht sein Gottesbild.

Heraus kommt eine zweigeteilte, menschenähnliche Figur mit unterschiedlichen Hautfarben auf den verschiedenen Seiten, langen, herunterhängenden und kurzen abstehenden Haaren, die eine Gesichtshälfte mit einem langen Bart bedeckt. Oben drüber schwebt ein kaum sichtbarer Heiligenschein in Gelb.

Er formuliert dazu folgende Überlegungen:

*Gott ist alles zusammen:*
*Mann und Frau, schwarz und weiß.*
*Er ist ja für alle Menschen da.*

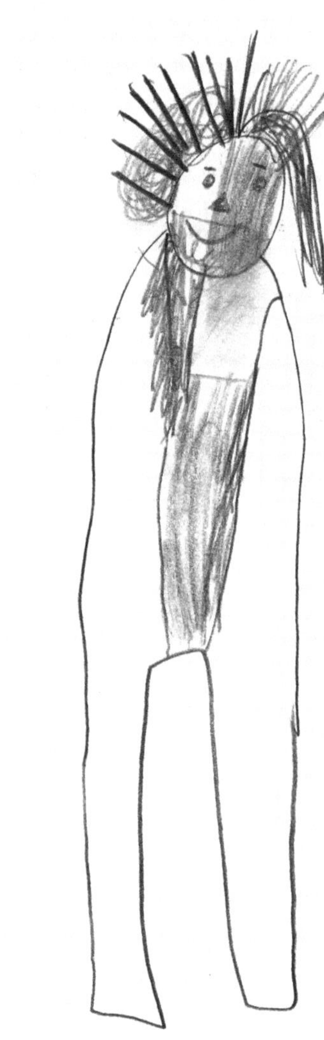


© privat

1. Beschreiben Sie die Gottesvorstellung von Mattis aus der fünften Klasse.
2. Mattis malt unterschiedliche Hautfarben, verschiedene Haarlängen etc. Interpretieren Sie, was Mattis damit über seine Vorstellung von Gott verrät.
3. Setzen Sie sich mit dieser Gottesvorstellung auseinander: In welchen Punkten stimmen Sie Mattis zu, in welchen regt sich bei Ihnen Widerspruch?

# M 3.7 Wie ein muslimisches Kind sich Gott (nicht) vorstellen kann

Suheb Salih, ein muslimischer Junge, der den evangelischen Religionsunterricht besucht, bekommt in der ersten Klasse von seinem Religionslehrer den Auftrag Gott zu malen.

Das stellt ihn vor eine ganz schöne Herausforderung.

Weil er die Aufgabe seines Lehrers erfüllen möchte, zeichnet er schließlich doch ein Bild und schreibt folgenden Satz darunter:

*»das ist Gott er hat keine Einfach nix.«*

© privat

1. Beschreiben Sie, wie der muslimische Junge die Aufgabe für sich gelöst hat. Achten Sie dabei sowohl auf die Zeichnung als auch auf den Satz, den er formuliert hat.
2. Sein zweiter Satz bleibt unvollendet: »er hat keine«. Wie könnte der Satz weitergehen? Schreiben Sie passende Möglichkeiten auf.
3. Erklären Sie, vor welche Herausforderung der muslimische Schüler gestellt wurde bei der Aufgabe, Gott/Allah zu zeichnen.
4. Wenn Sie sich unsicher sind, fragen Sie bei muslimischen Mitschüler:innen nach oder recherchieren Sie im Internet zum muslimischen Gottesbild.
5. Entwickeln Sie weitere Möglichkeiten, wie ein:e muslimische:r Schüler:in auf eine solche Aufgabe hätte reagieren können.

# M 3.8 Gott wird da sein – ein jüdisches Gottesbild

© Heiko Dörr/pixabay

**JHWH – Gottes Name in der hebräischen Bibel**

Im sog. Alten Testament, der hebräischen Bibel, besitzt Gott einen Namen: JHWH. Wie dieser Name, das sog. Tetragramm (= griechisch »vier Buchstaben«) genau ausgesprochen wird, ist bis heute unklar, da – wie üblich in der hebräischen Sprache – die passenden Vokale fehlen. Aus Ehrfurcht vor dem Namen Gottes wird dieser Name Gottes im Judentum nicht ausgesprochen. Stattdessen werden Ersatznamen verwendet wie die allgemeine Bezeichnung elohim (= Gott), den Titel adonai (= Herr) oder die Eigenschaft Allmächtiger (Shaddai).

Gottes Name JHWH wird in Exodus 3, der Geschichte von Mose am brennenden Dornbusch, offenbart. Als JHWH Mose erscheint und dieser ihn fragt, wer ihn da anspreche und beauftrage, das Volk Israel aus der Sklaverei in Ägypten zu befreien, antwortet JHWH:

*14 Gott sprach zu Mosche: Ich werde dasein, als der ich dasein werde. Und er sprach: So sollst du zu den Söhnen Jissraels sprechen: ICH BIN DA schickt mich zu euch.*

*15 Und weiter sprach Gott zu Mosche: So sollst du zu den Söhnen Jissraels sprechen: ER, der Gott eurer Väter, der Gott Abrahams, der Gott Jizchaks, der Gott Jaakobs, schickt mich zu euch. Das ist mein Name in Weltzeit, das mein Gedenken, Geschlecht für Geschlecht.*

(jüdische Übersetzung nach Buber/Rosenzweig)

Daniel Krochmalnik, ein jüdischer Professor an der Hochschule für Jüdische Studien in Heidelberg schreibt dazu folgendes:

### Eine Jüdische Auslegung

Namen sind in der Bibel nicht willkürlich. Der Name ist Programm.

Was also bedeutet der Gottesname JHWH? Alle großen Offenbarungen am Sinai sind Erklärungen des Gottesnamens (Ex 3,14; 6,2 f.; 20,2 f., 33,18 f., 34,5–6), besonders aber die erste Offenbarung aus dem brennenden Dornbusch. Dort fragt der Prophet direkt nach dem Namen Gottes (Mah Schemo?). Die Antwort ist nicht, wie in vergleichbaren Fällen (Gen 32,28), JHWH, sondern ein rätselhafter Spruch: Ehjeh Ascher Ehjeh, was Luther mit »Ich werde sein, der ich sein werde« übersetzt.

### Die Bedeutung von JHWH

Von den vielen gelehrten Erklärungen dieses Spruchs ist die des Theologen Jacob Coos Schoneveld am meisten überzeugend. Er verweist auf eine ähnlich sperrige Satzkonstruktion in einer Namenserklärung (Gen 31,49) und sieht den Ausdruck als eine Buchstabierung mithilfe eines gleichklingenden Namens (Paranomasie). So wie Herr Eher sich am Telefon gewöhnlich mit »Eher wie Ehe mit ›r‹« meldet, so meldet sich Gott hier mit: Ehjeh wie Ehjeh. Das Wort Ehjeh aber ist auf Hebräisch das Zeitwort sein in der 1. Person Singular Imperfekt im Grundstamm: Ich werde da sein. Der Name JHWH sei also, so die Andeutung, als 3. Person Singular maskulin des Zeitwortes »sein« zu verstehen; Gott heißt »Er wird da sein«. Zwar ist grundsätzlich auch eine Übersetzung im Präsens möglich, was das berühmte absolutistische: »Ich bin, der Ich bin« oder »Ich bin, der ist« ergäbe, aber auf Hebräisch braucht man im Präsens kein Zeitwort (bin, bist, ist), sondern kommt mit dem Fürwort aus (Ani Hu). Gott ist Futur.

### JHWH – Er wird da sein

Es ist ganz gleichgültig, ob die Alttestamentler mit dieser Etymologie des Gottesnamens einverstanden sind, oder ob sie sie als Volksetymologie, als Etymogelei, abtun. Wichtig ist die gute Nachricht, die in der Namenserklärung steckt.

Er wird, Er wird schon, ist in der Situation genau die richtige Botschaft für die Gefangenen, die Moses zum Ausbruch bewegen will. Der Gottesname besagt, es gibt eine Zukunft jenseits der mörderischen Arbeitsnorm in den pharaonischen Ziegeleien (Ex 5,17) und des Dornenverhaus, der ihnen den Weg nach draußen versperrt. Der jüdische Bibelwissenschaftler Benno Jacob hat es auf den Punkt gebracht: »J-h-w-h ist das Futurum der Geknechteten und Leidenden.«.

Daniel Krochmalnik: Der Gottesname. Wie kam es im Judentum zum Namenstabu? Und was bedeutet JHWH eigentlich? Ein Essay, Jüdische Allgemeine 19.06.2017, https://www.juedische-allgemeine.de/kultur/der-gottesname/

1. Lesen Sie die Originalstelle in der (jüdischen) Bibel in Exodus 3.
2. Recherchieren Sie – sofern nicht bekannt – was in der Geschichte von Mose und dem Auszug (= Exodus) aus Ägypten davor und danach passiert.
3. Beschreiben Sie, von welchem Verb das hebräische Wort JHWH stammt und was es deswegen bedeuten könnte.
4. Formulieren Sie Eigenschaften Gottes, die sie in der Geschichte vom brennenden Dornbusch entdecken.
5. Wenn Gott heißt »Er wird da sein« – was bedeutet das dann für das jüdisch-christliche Gottesbild? Interpretieren Sie diesen Namen Gottes.

# M 3.9 Etwas Größeres als wir – ein islamisches Gottesbild

*Navid Kermani, muslimischer Schriftsteller und Preisträger des Friedenspreises des deutschen Buchhandels, erzählt in seinem Buch »Jeder soll von da, wo er ist, einen Schritt näher kommen« (2022) seinem fragenden Sohn über seine Vorstellungen von Gott:*

File:Navid Kermani Frankfurter Buchmesse 2015.JPG, https://commons.wikimedia.org/w/index.php?title=File:-Navid_Kermani_Frankfurter_Buchmesse_2015.JPG&oldid=500431050 (last visited Juli 27, 2023).

Ein Muslim ist jemand, der mit Gott eine Beziehung eingeht. Allerdings ist Gott ein sehr abstrakter Begriff. Man kann sich Gott gut vorstellen, weil er anders ist als alles, was wir kennen. Er hat keine Nase, keinen Mund, hat überhaupt keine Gestalt. Wie soll man sich etwas vorstellen, das überhaupt nicht aussieht? [...]

*Allâhu akbar* bedeutet ja nicht »Gott ist groß«, wie es oft übersetzt wird. »Gott« heißt im Arabischen *kabîr,* also ein Komparativ, und heißt »größer«. *Akbar* ist aber auch der Superlativ, dann heißt es übersetzt »am größten«. Mal abgesehen davon, dass *allâââhu akbar* [im Original mit dreifachem â, um den lang gesprochenen Vokal zu betonen, Anmerkung CK] mit der Aufeinanderfolge desselben, mal kurz, mal lang gesprochenen Vokals viel schöner klingt als *allâhu kabîr* – auch die Bedeutung ist reichhaltiger und zugleich genauer, finde ich. »Gott ist groß« heißt eigentlich überhaupt nichts – ja, wie groß denn, groß wie ein Haus, wie ein Turm, wie ein Meer? Dann hätte Gott schließlich immer noch irdische Dimensionen.

Wenn der Muezzin hingegen *allâhu akbar* ruft, dann meint er, dass Gott alle menschlichen und irdischen Dimensionen übersteigt, »Gott ist größer«, so wie die Unendlichkeit jedes Maß übersteigt. [...]

*Sprich: »O Gott! Herrscher über alles!*
*Du gibst die Herrschaft, wem du willst,*
*und nimmst die Herrschaft, wem du willst.*
*Du erhebst, wen du willst,*
*und erniedrigst, wen du willst,*
*in deiner Hand das Gute liegt.*
*Du bist aller Dinge mächtig.*
*Du lässt die Nacht übergehen in den Tag.*
*Und lässt den Tag übergehen in die Nacht.*
*Du lässt das Lebendige erstehen aus den Toten.*
*Und lässt das Tote erstehen aus dem, was lebt,*
*ohne Maß beschenkst du, wen du willst.«*

*Sure 3,26*

Worte wie Macht und Unterwerfung klingen heute eher ungemütlich, das will ich gar nicht verleugnen. Sind sie deswegen falsch? Das All beziehungsweise die Natur oder das Schicksal können nun einmal ziemlich ungemütlich sein. Das Schicksal kann Unglücke bringen, Tsunamis, Reaktorunfälle und Kriege, natürlich auch Krankheiten, Kummer und Leid, und dann glauben viele immer noch an Gott. Genauso wenig wie das Leben nach unseren Plänen eingerichtet ist, können wir uns schließlich einen Gott basteln, wie er uns gefällt. Nein, wir müssen Gott nehmen, wie er sich uns zeigt, und wenn Gott all das Wundervolle hervorbringt, die Blumen, die Liebe, die Nahrung, die Phantasie, dann muss doch genauso auch das Unglück mit ihm zu tun haben, wenn er alles oder eben das All ist: die Ungerechtigkeit, die Not, die Naturkatastrophen und Pandemie, die Atombombe, all die Verzweiflung auf der Welt. Zwar sprechen wir vom lieben Gott, das ist uns angenehm, aber die Religionen lehren, dass Gott auch Schrecken verbreiten kann. [...]

Gott ist alles, und auch wenn wir ihn nicht immer verstehen, glauben wir trotzdem an ihn, schließen Frieden mit der Welt, geben uns seiner Liebe hin, akzeptieren seine Macht, fürchten seine Gewalt, und ja, wir unterwerfen uns auch. Und das ist gar nicht so unselbständig, wie es beim ersten Hören klingt, denn es bedeutet zugleich: Wir unterwerfen uns einzig dieser höheren Kraft, der Unendlichkeit, und nicht etwa einem anderen Menschen, also gerade nicht den Eltern und auch nicht den Lehrern und schon gar nicht einem Präsidenten oder König. Wo sich alles um Macht, um Geld, um Anerkennung dreht, kann es regelrecht befreiend sein, an etwas Höheres zu glauben, das sich nach den Maßstäben dieser Welt nicht rechnet und sogar dazu anhält, Opfer zu bringen, anstatt an den eigenen Gewinn zu denken. Ein solcher Glaube schenkt dir eine tiefe Gelassenheit, weil du gar nicht mehr meinst, alles selbst in der Hand zu haben.

Navid Kermani: Jeder soll von da, wo er ist, einen Schritt näher kommen. Fragen nach Gott, München 2022, 44–50.

1. Beschreiben Sie, was das Gottesbild von Navid Kermani auszeichnet.
2. Benennen Sie, wo sich bei Ihnen Widerspruch angesichts dieses Gottesbildes regt.
3. Tauschen Sie sich mit muslimischen Schüler:innen aus der Klasse über ihr Gottesbild aus oder recherchieren Sie im Internet zu weiteren Aspekten eines muslimischen Gottesbildes.
4. Diskutieren Sie, ob sie sich einem solchen Gott gerne unterwerfen würden, der größer ist als alles.

# M 3.10 Gott geht in die Knie – ein christliches Gottesbild

© Jeswin Thomas/pexels

Wenn ein Vater mit seinem Kind spielt oder wenn er es tröstet, bleibt er nicht in seiner vollen Größe vor dem Kind stehen. Er geht in die Knie, macht sich klein, begibt sich in die Lage des Kindes, ist Auge in Auge mit ihm und nimmt seinen Horizont an. Er vergisst seine Sprache und spricht die Worte, die das Kind schon versteht.

Gott geht in die Knie, er lebt das Leben aus unserer Perspektive, spricht die Sprache unseres Stammelns. Jesus, der kleine König, hat nicht einmal eine Stelle, an der er mit Anstand geboren werden kann. Der kleine König wird versteckt und heimlich außer Landes gebracht, die Macht trachtet ihm nach dem Leben. Er ist nicht einmal einzigartig in seinem Leiden. Er ist nicht der erste Flüchtling, und er wird nicht der letzte sein. Was ihm zustößt, ist Menschen vor ihm zugestoßen und wird Menschen nach ihm zustoßen.

Der kleine König hat seine Insignien und Zeichen, an denen man ihn erkennt. So wird es den Hirten gesagt: »Und das sei euch ein Zeichen: Ihr werdet ein Kind finden, in Windeln gewickelt und in einer Krippe liegend.« Lächerliche Wunderzeichen: Kinderwindeln und ein Futtertrog. Wenn sich einer eine blasphemische Verhöhnung von Glanz und Herrlichkeit Gottes ausdenken wollte, könnte er es nicht besser und ironischer tun, als Gott es in der Weihnachtsgeschichte selber getan hat.

Es ist ein freundlicher und zärtlicher Gedanke, dass unser Leben und dass die Welt nicht gerettet werden durch die Macht des Mächtigen. Die Liebe, die sich gleichmacht mit dem Geliebten, ist die erlösende Kraft.

*Fulbert Steffensky*

1. Lesen Sie die Weihnachtsgeschichten im Neuen Testament im Original nach. Sie finden Sie in Lukas 2 und Matthäus 2.
2. »Lächerliche Wunderzeichen: Kinderwindeln und ein Futtertrog«. Beschreiben Sie, welches Bild der christliche Gott hier von sich zeigt.
3. Diskutieren Sie, ob das ein Gott wäre, dem sie gerne vertrauen möchten, wenn er als menschliches Kind zur Welt kommt.

# M 3.11 Gott 3 in 1 gedacht – Gott als Trinität

Die Vorstellung von Gott als Gott Vater, Sohn und Heiligem Geist, und damit als einem sog. trinitarischen Gott gehört zum Christentum einfach dazu. Gott zeigt sich nach christlicher Vorstellung auf diese drei Weisen, wirkt so in der Welt und für die Menschen: er hat sie geschaffen, er hat sie erlöst, und er tritt auch jetzt noch mit ihr und den Menschen auf ihr in Kontakt.

Die Vorstellung von Gott als Vater, Sohn und Heiligem Geist, und damit als Gott 3 in 1 gedacht, ist mit menschlichem Verstand nur schwer zu fassen. Es ist eine Glaubensaussage, die immer wieder neu gedeutet wurde, um das Undenkbare denkbar zu machen. Eine dieser Deutungsmöglichkeiten ist, die Dreieinigkeit Gottes als Beziehungsgeschehen zu denken: Gott kann gar nicht anders als in Beziehung und Gemeinschaft zu existieren. Er ist kein starrer Block, sondern in Gott selbst ist Dynamik angelegt. Gott trinitarisch gedacht denkt Einheit und Vielheit zusammen, Einheit wird als Vielheit gedacht.

Die Vorstellung von Gott als Vater, Sohn und Heiligem Geist, war und ist immer wieder Anlass, dass Menschen Fragen oder Zweifel an dieses Gottesbild stellen:

- Ist Gott nun einer oder doch viele?
- Wie soll das funktionieren: drei und doch eins?
- In welchem Verhältnis stehen die drei zueinander?
- …

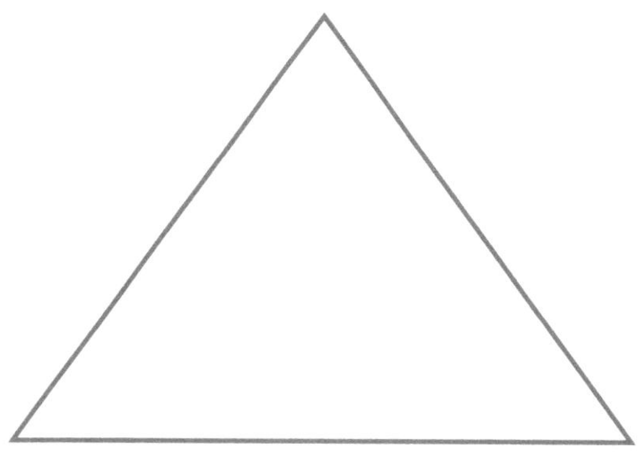

Für Christ:innen ist das trinitarische Gottesbild zentral. Denn Gott als Gott Vater, Sohn und Heiligen Geist zu denken eröffnet Spielraum, Gott nicht als unveränderliches Etwas zu denken, sondern verschiedene Aspekte des (eigenen Gottesbildes) miteinander zu verbinden. So haben Schüler:innen einer Abiturklassen ihre eigene »3 in 1«-Gottesvorstellung formuliert, indem sie jeweils drei Gegenstände samt Schlagworten gesucht und diese mit einem kurzen Satz erklärt haben.

Christina Krause: Gott 3 in 1 gedacht. Trinitätstheologie mit, für uns von Jugendlichen, Evangelische Orientierung 2/2021, 10–11, https://evangelischer-bund.de/wp-content/uploads/2021/07/EO-2021-2.pdf.

1. Benennen Sie die Anfragen und Zweifel an ein trinitarisches Gottesbild, die der Text aufführt.
2. Formulieren Sie weitere Anfragen oder Zweifel an ein trinitarisches Gottesbild.
3. Markieren Sie die Bilder auf der nächsten Seite mit Plus (+), Minus (-) und Unentschieden (o) – je nachdem, ob Sie ihnen zustimmen oder nicht.
4. Kommentieren Sie eins der Bilder.
5. Suchen Sie selbst drei Gegenstände, die zu Ihrem Gottesbild passen, und erstellen Sie ein ähnliches Bild wie das der Abiturient:innen.
6. Tauschen Sie sich im Anschluss in der Klasse über Ihre Gottes-Bilder aus.

**Marvin K:**
**helfend – liebend – kreativ (drei Bücher, Puzzle)**
Gott 3 in 1 gedacht ist für mich wie ein Puzzle aus drei Teilen, die nur zusammen ein Bild ergeben, oder auch mehrere Bücher, die nur zusammen eine Geschichte erzählen.

**Jonatan Z.:**
**Leitsatz (Grundgesetz) – Unterstützung (Wanderstock) – Antrieb (Propeller)**
Gott 3 in 1 gedacht bedeutet für mich, Gott aus drei Richtungen zu erfahren:

1. Der Leitsatz: Gott, der die Richtung weist und hilft, die richtige Entscheidung zu treffen.
7. Der Antrieb: Gott, der die Energie und Überzeugung gibt, den richtigen Weg zu gehen.
8. Die Unterstützung: Gott, der hilft, Hindernisse auf diesem Weg zu überwinden und dem Ziel näher zu kommen.

**Elena K:**
**Führen (Atlas) – begleiten (Uhr) – beistehen (Taschentücher)**
Die Dreieinigkeit Gottes bedeutet für mich, dass zwar jedem Bereich der Trinität andere Eigenschaften zugeschrieben werden, sie jedoch alle zur selben Zeit existieren und uns als Menschen begegnen. Demnach ist Gottes Handeln nicht auf eine der Trinitäten zu reduzieren.

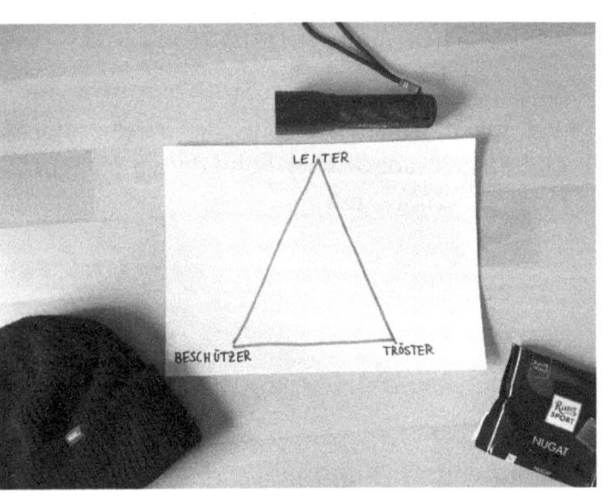


**Franka K:**
**Beschützer (Mütze) – Leiter (Taschenlampe) – Tröster (Schokolade)**
Gott 3 in 1 gedacht bedeutet für mich, dass Gott facettenreich ist und durch seine verschiedenen Eigenschaften mir immer anders zur Seite stehen kann. Diese Eigenschaften gehören zusammen wie die Ecken eines Dreiecks.

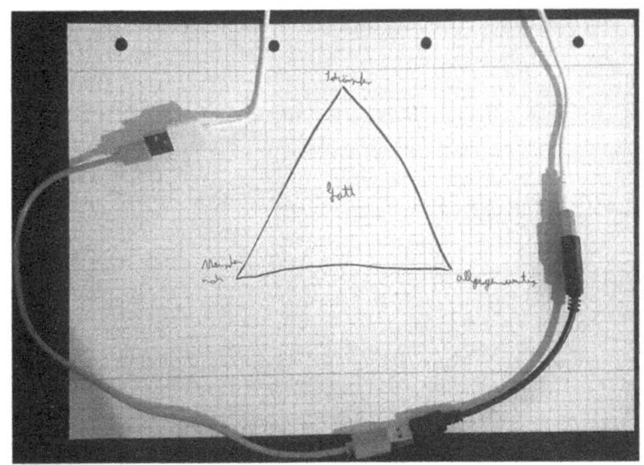

**Patric R.:**
**Schöpfer – menschennah – allgegenwärtig (3 USB-Kabel)**
Gott ist für mich Schöpfer, allgegenwärtig und Menschen nah. Die Kabel sollen die verschiedenen Seiten Gottes zeigen, die für mich zusammen ein Bild Gottes erzeugen.

Christina Krause: Gott 3 in 1 gedacht. Trinitätstheologie mit, für uns von Jugendlichen, Evangelische Orientierung 2/2021, 10–11, https://evangelischer-bund.de/wp-content/uploads/2021/07/EO-2021-2.pdf.

# M 3.12 Gott als Schöpfer

1. Lesen Sie die biblische Schöpfungsgeschichte im Original in 1. Mose 1,1–2,4a.
2. Beschreiben Sie, was die Autor:innen des Textes ausdrücken wollen:
   - über Gott,
   - über sein Verhältnis zur Welt/Natur,
   - zu den Menschen.

3. Greifen Sie eine zentrale Aussage des Textes heraus und schreiben Sie diese auf ein Kärtchen. Ihr Satz könnte z. B. so beginnen: »Gott ist …« oder »Die Welt ist …« oder »Der Mensch ist …«

© WikiImages/pixabay

Gott/Die Welt/Der Mensch ist …

4. Bauen Sie in Kleingruppen die Geschichte oder einen Teil davon mit dem Material nach, das Sie in Ihren Mäppchen finden – und zwar so, dass eine der zentralen Aussagen des Textes (siehe Aufgabe 3.) deutlich wird.

# M 3.13 Halbe (Schöpfungs-)Geschichte

© Castorly Stock/pexels| Text: Luft nach oben. Der Sonntagskalender 2021, Edition chrismon, Evangelische Verlagsanstalt Leipzig.

1. Lesen Sie die biblische Schöpfungsgeschichte im Original in 1. Mose 1,1–2,4a.
2. Beschreiben Sie, wie Gott in dieser Schöpfungsgeschichte dargestellt wird.
3. Tauschen Sie sich mit einer anderen Person in Ihrer Klasse darüber aus, was Ihnen an der biblischen Schöpfungserzählung schwer fällt zu glauben.
4. Vielleicht kennen Sie noch weitere Erzählungen, vielleicht auch aus anderen Religionen, wie Gott die Welt geschaffen hat? Erzählen Sie.
5. »Und wenn das nur die halbe Geschichte wäre?« Entwickeln Sie Ideen, wie aus Ihrer Sicht die Geschichte weitergehen könnte.

# M 3.14 Ein Gott, der wartet und Däumchen dreht ...

Ich glaube, dass Frieden ein Tunwort ist.
Ich glaube, Lächeln ist ein guter Anfang.
Ich glaube, dass ich mehr kann, als ich denke,
manchmal steht mein Kopf im Weg.
Ich glaube, dass Gott in meinem Herzen wartet
und manchmal Däumchen dreht.

Luft nach oben. Der Sonntagskalender 2021, Edition chrismon, Evangelische Verlagsanstalt Leipzig.

1. Der Abschluss des Gedichtes lautet:
   »Ich glaube, dass Gott in meinem Herzen wartet und manchmal Däumchen dreht.«
   Formulieren Sie drei verschiedene Deutungsmöglichkeiten zu diesem Satz:

   - ______________________________
   - ______________________________
   - ______________________________

2. Erklären Sie, in welchem Verhältnis Gott und Mensch zueinander gesehen werden.
3. Schreiben Sie Ihr eigenes Gedicht:

Ich glaube, dass ______________________________ ein Tunwort ist.

Ich glaube, ______________________________ ist ein guter Anfang.

Ich glaube, dass ich mehr ____________________, als ich ____________________.

manchmal steht/stehen ______________________________ im Weg.

Ich glaube, dass Gott ______________________________.

und manchmal ______________________________.

# M 3.15 Mehr als ein Bild – das biblische Bilderverbot

© Guernz11/pixabay

## Das biblische Bilderverbot

Dass auch die Zehn Gebote ein Bilderverbot enthalten, weiß nicht jeder. Martin Luther hat dieses Gebot nicht in die Dekalogversion (= 10 Gebote) aufgenommen, weil er es schon im ersten Gebot beinhaltet sah. In 2. Mose 20,4–5 heißt es nach der Lutherübersetzung: »Du sollst dir kein Bildnis noch irgendein Gleichnis machen, weder von dem, was oben im Himmel, noch von dem, was unten auf Erden, noch von dem, was im Wasser unter der Erde ist: Bete sie nicht an und diene ihnen nicht!«

Wovon ist die Rede? Der Text ist auf den ersten Blick verwirrend. Was bedeutet er? Darf man sich von nichts mehr ein Bild machen? Darf man nichts mehr darstellen, was irgendwo steht, liegt, schwimmt, kreucht oder fleucht? Eine wichtige Erkenntnis ist zunächst, dass das hebräische Wort, das für »Bildnis« hier verwendet wird, eine Statue oder eine Figurine bezeichnet, also das, was uns im Alten Orient als Kultbild begegnet. Das heißt, es geht nicht um Gemälde, sondern um Dinge, die man irgendwo hinstellen kann. Es geht auch nicht um innere Bilder oder Metaphern. Das wäre auch ganz unsinnig, weil das Alte Testament ja voll von Metaphern für Gott ist. Gott ist Schild (Ps 3,4; 7,11 und öfters), Burg (Ps 9,10; 18,3 und öfters), aber auch z. B. Vater (Jes 63,16; 64,7; Jer 2,27; 3,4; 3,19; 31,9; Hos 11,1) und manches andere mehr. Solche Bilder sind nicht verboten. So heißt also das Bilderverbot – genauer übersetzt – so: Du sollst Dir kein Kultbild machen in irgendeiner Gestalt dessen, was im Himmel usw. ist, nämlich in Menschen- oder Tiergestalt. Denn diese Gestalten sind ja im Alten Orient als Kultbildgestalten gewählt worden.

## Bilder vom Gott Israels oder Bilder anderer Götter?

Das ist die nächste Frage: Denkt der Verfasser oder die Verfasserin des Bilderverbotes an JHWH-Bilder oder Bilder anderer Götter? Darf ich nur keine Bilder von anderen Göttern machen, um sie anzubeten, oder betrifft das Bilderverbot auch Bilder »meines« Gottes? Die Verbindung mit dem ersten Gebot und die Illustration mit den verschiedenen Gestaltungsmöglichkeiten (Himmel, Erde usw.) legen es nahe, an Fremdgötter zu denken. Das Bilderverbot würde dann das Fremdgötterverbot konkretisieren: Keine fremden Götter in Form von Bildern anbeten! Andererseits formuliert 5. Mose 4, ein relativ später, nachexilischer Programmtext gegen die Bilderverehrung: Weil ich, JHWH, euch am Sinai nicht in irgendeiner

Gestalt begegnet bin, sondern im Wort, sollt ihr für JHWH auch nicht ein Bild in irgendeiner Gestalt anfertigen. Vielleicht war das Bilderverbot in seinen Anfängen (auch) gegen die Darstellung fremder Götter gerichtet und wurde später auf JHWH bezogen.

**Warum keine Bilder angebetet werden sollen**

Auch das ist eine Frage, die sich nicht selbst beantwortet: Warum bricht das biblische Israel aus dem Konsens der damaligen Zeit aus und untersagt vehement die Verehrung »seines« Gottes JHWH im Bild?

Es ist ein kleiner Strauß von Antworten, die das Alte Testament gibt. Eine erste Antwort gibt die Verbindung vom ersten mit dem zweiten Gebot, wie sie vorhin gedeutet worden ist: Bei den Bildern denkt man an fremde Götter; wer Bilder anbetet, betet auch fremde Götter an, und hier besteht nicht nur Verwechslungsgefahr, sondern die Gefahr des Abfalls von JHWH. Eine zweite Antwort hat – wie ebenfalls schon dargestellt – 5. Mose 4 gegeben: JHWH hat sich im Wort offenbart, darum soll er im Wort verehrt werden, nicht im Bild.

Eine dritte – sehr rabiate – Antwort gibt Deuterojesaja (Jes 40–55). Der namenlose Exilsprophet macht sich darüber lustig, wie ein Schreiner zuerst aus einem Stück Holz einen Gott fertigt, um sich dann vor ihm niederzuwerfen und ihn anzubeten. Kultbilder sind Menschenwerk, so will er sagen, ungeeignet, den Schöpfer der Welt und Erlöser Israels wirkmächtig zu repräsentieren. Bilder taugen nichts, Bilderverehrer machen sich lächerlich. Ob Deuterojesaja sich jemals auf die deutlich feinsinnigere Theologie der Bilder eingelassen hat?

Klaus Grünwaldt: Bilder verboten!, in: Reformation – Bild und Bibel. Das Magazin zum Themenjahr 2015, hrsg. von der EKD, 20–21, https://www.ekd.de/ekd_de/ds_doc/2015_themenheft_reformation_bild_und_bibel.pdf.

1. Lesen Sie das biblische Bilderverbot in 2. Mose 20,4–5 sowie die Verse, die davor und danach stehen.
2. Beschreiben Sie, was mit dem Begriff »Bild« im biblischen Text gemeint ist.
3. Erklären Sie die drei Deutungsmöglichkeiten für das biblische Bilderverbot, die im Text genannt werden.
4. Gedankenexperiment: Sie werden im Religionsunterricht dazu aufgefordert, Ihr Bild von Gott zu zeichnen. Beschreiben Sie, wie Sie sich verhalten würden.
5. Auch andere Religionen kennen das Verbot, sich ein Bildnis von Gott zu machen. Recherchieren Sie, wie in anderen Religionen von Gott gesprochen werden darf und wie auch nicht.

# M 3.16 Gott ist mehr als die Summe seiner Teile

Der Schweizer *Ursus Wehrli* (Jahrgang 1969) ist Komiker, Kabarettist und Künstler. Seine Kunstwerke bestehen häufig darin, dass er berühmte Kunstwerke anderer »aufräumt«. Das heißt, er sortiert die Bilder z. B. nach Farben oder verrückt in seinem neuen Bild Gegenstände des Originalbildes an andere (sinnvollere?) Orte im Bild. Dabei entstehen neue Kunstwerke, die er unter dem Stichwort »Kunst aufräumen« veröffentlicht.

In einem Bild sortiert er das Gemälde »Roter Fleck« (1921) von Wassily Kandinsky auf neue Art und Weise in Farben.

Ursus Wehrli, Kunst aufräumen. © Kein und Aber Verlag Königstgein i. Ts. 2004

Wassily Kandinsky, Roter Fleck (1921)

1. Beschreiben Sie das Kunstwerk »Kandinskys *Roten Fleck* aufräumen« von Ursus Wehrli.
2. Von dem griechischen Philosophen Aristoteles stammt folgender Satz *»Das Ganze ist mehr als die Summe seiner Teile.«* – Erklären Sie, in welchem Sinn dieser Satz auch auf die Kunstwerke von Ursus Wehrli übertragen werden kann.
3. Nicht nur Kunstwerke, sondern auch Gott hat viele Eigenschaften, die erst zusammen ein Gesamtbild ergeben. Benennen Sie möglichst viele verschiedene Eigenschaften Gottes.
4. Ordnen Sie diese Eigenschaften Oberkategorien zu (z. B. positiv, negativ, schwer zu glauben, christlich, muslimisch, ...).
5. Tragen Sie Ihre gesammelten Eigenschaften in das Originalbild ein, indem sie die Eigenschaften eines Oberbegriffes jeweils einer Farbe zuordnen.
6. Interpretieren Sie, was Ihr neues Kunstwerk über Ihre Vorstellung von Gott aussagt.

# 4 Wenn ich Gott nicht finde …

*Christina Krause*

### Ideen zum Modul

Gott ist nicht zu fassen. Manchmal unfassbar, angesichts von Leid und Schmerz in der Welt, manchmal nicht zu fassen aufgrund seiner Größe – und weil er einfach Gott ist und wir Mensch.

Gott nicht fassen und finden zu können, ist zutiefst biblisch. Das jüdische Bilderverbot in den 10 Geboten spricht sich dagegen aus, Gott in einem Bild darzustellen. Es geht ums Kultbild, aber auch darum, dass Gott größer als all unsere Vorstellung ist. Im Judentum wird sein Name nicht ausgesprochen – um diesen nicht zu missbrauchen, aber auch in dem Wissen, dass Gott in keiner noch so passenden Bezeichnung aufgeht.

Auch die Erfahrung der Abwesenheit Gottes ist zutiefst biblisch. Nicht nur bei Hiob (der in diesem Band aufgrund der bereits bestehenden Fülle an Unterrichtsmaterialien bewusst ausgespart wird), sondern auch Psalm 22 verbindet diese Spannung zwischen der Erfahrung der Abwesenheit Gottes und der gleichzeitigen Sehnsucht nach Gott.

Die Frage nach der Theodizee, der Rechtfertigung Gottes angesichts des Leides in der Welt, ist so alt wie die Menschheit. Deswegen ist sie für heutige Jugendliche aber nicht weniger wichtig oder überholt. Die Studie »Jugend – Glaube – Religion« aus dem Jahr 2018 zeigt, dass die Frage nach der Theodizee eine *der* entscheidenden Fragen für Jugendliche ist, neben Überlegungen zum Leben nach dem Tod und dem Verhältnis von Weltentstehung und Schöpfungsglaube (Schweitzer u. a. 2018, 85–87.) Originaltöne der Jugendlichen aus dieser Studie, die sich hervorragend für den Einsatz im Unterricht eignen, berichten von den Zweifeln der Schüler:innen – und zugleich von einer Ahnung eines und der Hoffnung auf einen transzendenten Gott.

Dass Gott nicht zu finden ist, nicht gefunden wird, liegt aber nicht nur an der Theodizeefrage, sondern bei manchen auch an einer grundlegenden Ablehnung Gottes. Einwände des Atheimus oder Anfragen durch eine dualistische Gegenüberstellung von naturwissenschaftlichem Weltbild und Schöpfungsglauben führen immer wieder dazu, dass Jugendliche ins Zweifeln an Gott bis hin zur Ablehnung kommen. Auch wenn viele Jugendliche einen Schöpfergott für denk- und glaubbar halten, besteht auf der anderen Seite eine starke Unsicherheit und Anfrage aufgrund der Einwände an einen Schöpfergott durch eine wissenschaftliche Erklärung der Welt (Schweitzer u. a. 2018, 215). Darüber hinaus tragen tradierte Vorstellungen teilweise nicht mehr, sondern werden durch gesellschaftliche Entwicklungen infrage gestellt oder weitergedacht – z. B. bei der Frage, ob Gott nicht eher als Gott* mit Genderstern gedacht und geglaubt werden müsse …

Jugendliche stellen ihre Fragen und sie stellen sie offen. Sie wollen sich mit diesem Gott auseinandersetzen – um ihn abzulehnen und das zu begründen oder um ihr eigenes Bild von Gott zu finden. Dazu braucht es eben auch den Zweifel und das Reflektieren und kritisch Nachfragen zu dürfen. Gerade für Jugendliche ist dieses Anfragen nötig, um in Freiheit ihr eigenes Gottesbild weiterzuentwickeln (Schweitzer 2010, 223) – ein Gottesbild von einem Gott, der nicht zu fassen ist.

### Unterrichtsbausteine

#### Baustein 1: Gott ist nicht zu fassen

M4.1 »Es gibt so viele Gegenbeweise …«
M4.2 Gott* – oder #whoisgodtoday

*Ziel:* Die Schüler:innen benennen verschiedene Anfragen an die Vorstellung eines einzigen »richtigen« Gottesbildes. Sie setzen sich mit der Frage auseinander, an welchen Punkten Vorstellungen der Menschen von Gott über Gott selbst hinausgehen.

#### Baustein 2: Zweifel und Theodizee

M4.3 »Ich zweifle an Gott …«
M4.4 There's probably no God
M4.5 Gott und Leid – das passt einfach nicht
M4.6 Gott ist schrecklich. Gott brüllt. Gott schweigt.
M4.7 Mein Gott, warum hast du mich verlassen?

*Ziel:* Die Schüler:innen können die Einwände des Atheismus und der Theodizeefrage benennen. Sie erläutern Möglichkeiten der Erklärung und des Umgangs mit diesen Anfragen an Gott. Abschließend formulieren Sie eine eigene Position zur Frage nach der (echten oder gefühlten) Abwesenheit Gottes.

## Literatur


Manfred Lütz: Gott. Eine kleine Geschichte des Größten, Pattloch, München 2007.

Esther Maria Magnis: Gott braucht dich nicht. Eine Bekehrung, Hamburg 2014.

Markus Mürle: Wie effizient ist Gott? Auffassungen von Gott bei Jugendlichen und jungen Erwachsenen an Beruflichen Schulen. Glaube – Wertebildung – Interreligiosität, Band 24, Münster,New York 2021.

Friedrich Schweitzer: Lebensgeschichte und Religion. Religiöse Entwicklung und Erziehung im Kindes- und Jugendalter, Gütersloh [7]2010.

Friedrich Schweitzer, Golde Wissner, Annette Bohner, Rebecca Nowack, Matthias Gronover, Reinhold Boschki: Jugend – Glaube – Religion. Eine Repräsentativstudie zu Jugendlichen im Religions- und Ethikunterricht. Münster, New York 2018.

Golde Wissner, Rebecca Nowack, Friedrich Schweitzer, Reinhold Boschki, Matthias Gronover (Hg.): Jugend – Glaube – Religion II. Neue Befunde – vertiefende Analysen – didaktische Konsequenzen. Münster, New York 2020.

# M 4.1 »Es gibt so viele Gegenbeweise ...«

**(A)** Ich finde es schwierig die Vorstellung, dass Gott die Welt schuf, mit der naturwissenschaftlichen in Einklang zu bringen. Mein Glaube wurde in dem Sinne schwächer, dass ich mich nicht entscheiden kann, wie beide Theorien in Einklang miteinander zu bringen sind. Aus diesem Grund habe ich begonnen, an der Bibel und der Kirche zu zweifeln, da mir in der Schule Dinge beigebracht wurden, die nicht zu den kirchlichen Theorien und Aussagen passen.
(w, 17, ev, RU)

**(B)** Durch die Wissenschaft lässt sich alles erklären. Vielleicht sollte man Gott nicht als abgegrenztes Wesen sehen, sondern in der Wissenschaft das Göttliche suchen.
(m, 18, oR, EU)

**(C)** Es gibt so viele wissenschaftliche Gegenbeweise, dass Gott nicht die Welt erschaffen hat, somit kann es ihn auch nicht geben.
(m, 16, ev, EU)

**(D)** Ich habe vorher nicht daran geglaubt, dass Gott die Erde erschaffen hat, sondern dass sie durch den Urknall entstanden ist. Zudem glaubte ich nur teilweise an Gott. Aber in meiner alten Klasse hatte ich Freundinnen, die sehr, sehr religiös waren und mit denen habe ich darüber geredet und sie meinten, dass die Erde ja nicht aus dem Nichts entstanden sein kann. Denn nach dem Urknall muss irgendwo her das Wasser etc. kommen. Dies regt mich zum Nachdenken an, ob es einen Gott gibt oder nicht und wer die Erde erschaffen hat.
(w, 16, rk, RU)

**(E)** Es ist, wie wenn man an den Weihnachtsmann glaubte, je älter man wird, desto mehr Indizien hat man, dass es ihn nicht gibt. In der Schule bekommen wir so viel Wissenschaftliches beigebracht, das der Existenz von Gott widerspricht.
(w, 16, ev, RU)

(w/m/d, ___, ev/kath/orth/musl/ , RU)

**(F)** Ich habe für mich überlegt, wie man Wissenschaft mit Religion vereinbaren kann, ich glaube nicht an den Zufall, alles, was passiert ist, ist von Gott so gewollt und für irgendetwas gut, auch wenn wir es jetzt noch nicht wissen, vom Urknall bis jetzt und in Zukunft ist alles von Gott geplant!
(m, 17, rk, RU)

EIBOR/KIBOR (Hg.): Jugend – Glaube – Religion. Schüleräußerungen für die Praxis, 2019.

m/w/d = männlich / weiblich / divers | rk = römisch-katholisch | ev = evangelisch | oR = ohne Religionszugehörigkeit | orth = orthodox | musl = muslimisch | RU = Religionsunterricht | EU = Ethikunterricht | Zahl = Alter

1. Streichen Sie alle Worte oder Sätze in den Sprechblasen durch, denen Sie nicht zustimmen.
2. Schreiben Sie eine Antwort an eine:n Autor:in einer Sprechblase.
3. Formulieren Sie Ihre eigene Sprechblase zur Frage, wie es sich mit Gott, mit der Entstehung der Welt und den naturwissenschaftlichen Erkenntnissen verhält.

# M 4.2 Gott* – oder #whoisgodtoday

© Katholische Studierende Jugend – Bundesamt e. V.

Die Katholische Studierende Jugend hat 2020 eine Kampagne gestartet unter dem Titel #whoisgodtoday. Damit soll das alte Gottesbild entstaubt und eine breitere Diskussion angeregt werden.

*Wir als KSJ fordern ein neues Gottes*bild, das mit den Vorstellungen vom alten, weißen, strafenden Mann aufräumt und Platz schafft für eine Gottes*vielfalt. Denn Gott* ist in allen Lebewesen.*

Mit einer Postkartenkampagne unterstützen sie ihre Forderungen und verbreiten sie in der Öffentlichkeit.

In den Kommentaren zu einer der Postkarten finden sich folgende Statements:

*»Gott* ist ein unbeschreiblicher Jemand, der nicht in Worte gefasst werden kann. Gott* ist übermenschlich und sorgt sich um jeden, bzw. schenkt jedem die gleiche Liebe. Das ist die Eigenschaft, die zählt und nicht die Frage, ob Gott* männlich oder weiblich ist.«*

*»Gott ist für mich diverse.«*

*»Ich stelle mir Gott* nicht als eine spezifische Person vor, sondern für mich ist Gott* einfach da. Ich weiß, dass es immer jemanden gibt, dem/der ich Dinge anvertrauen kann und um etwas bitten kann und dann ist es mir persönlich egal, ob Gott* weiblich oder männlich bzw. generell menschlich ist.«*

Katholische Studierende Jugend – Bundesamt e. V.: GOTT* KAMPAGNE, https://www.ksj-shop.de/i/gott-kampagne

1. Recherchieren Sie im Internet zur Gott*-Kampagne der Katholischen Studierenden Jugend.
2. Überlegen Sie Vor- und Nachteile, GOTT als GOTT* zu schreiben.
3. Nehmen Sie Stellung, ob Sie selbst hinter Gott ein Sternchen* setzen würden.

# M 4.3 »Ich zweifle an Gott ...«

**(A)** Ich sehe so viel Leid auf der Erde. Menschen, gute Menschen, erkranken an Krebs. In der Schule werden Schüler ausgegrenzt und völlig alleine gelassen und auch wenn man sich an Gott wendet, verbessert sich die Situation oft nicht. Ich zweifle an Gottes Anwesenheit in unserer Welt und frage mich, warum solch grausame Dinge passieren. (w, 16, rk, RU)

**(B)** Den Glauben habe ich erst so 2013 verloren, als mein Cousin mit 16 Jahren umgekommen ist und ich find's halt scheiße, dass der Fahrer überlebt hat und er nicht, und dass er nicht bestraft wird. (m, 18, ev, RU)

**(C)** Und ich denke, das ist auch der Grund, warum Gott nicht überall den Frieden schaffen kann. Ohne Böses wüssten wir nicht, was der Frieden ist, oder was das Gute ist. Deswegen ist Gott für mich jemand, bei dem ich sage, dass er auf jeden Fall eine große Rolle für mich spielt. Und in meinem Leben viel mit eingebracht hat. Was gut und was schlecht war, aber was mich dann auch stärker gemacht hat. Und mich noch mehr an meinen Glauben an ihn gebunden hat. (w, 18, orth, EU, BS)

**(D)** Was ich ziemlich interessant finde [ist], dass [man] rückwirkend nach der Situation [...] meistens oder eigentlich immer einen Plan dahinter sieht. Und in der Situation selber fragt man sich, wo Gott eigentlich ist, aber rückwirkend entdeckt man, dass er halt doch immer bei einem war. (m, 17, ev, RU, AG)

**(E)** Es gab Momente, in denen es leer war und Gott der einzige war, mit dem man reden konnte. (w, 16, oR, EU)

**(F)** Der Gott, der all das Leid auf der Erde zulässt, ist nicht der Gott, an den ich glauben möchte. (m, 25, oR, RU)

(w/m/d, ___, ev/kath/orth/musl/ , RU)

**(G)** Wenn es einen Gott geben würde, würde er nicht so viel Leid zulassen. Wenn es einen Gott geben würde, würde ich ihn jetzt spätestens nicht mehr haben wollen, da er mir fast alle Menschen, die ich geliebt habe, genommen hat. (w, 19, ev, RU, BS)

**(H)** Gott wird allmächtig beschrieben, kann oder will uns nicht bei den großen Problemen unserer Zeit (z. B. Terrorismus) helfen. (w, 16, ev, RU, AG)

EIBOR/KIBOR (Hg.): Jugend – Glaube – Religion. Schüleräußerungen für die Praxis, 2019.

m/w/d = männlich / weiblich / divers | rk = römisch-katholisch | ev = evangelisch | oR = ohne Religionszugehörigkeit | orth = orthodox | musl = muslimisch | RU = Religionsunterricht | EU = Ethikunterricht | Zahl = Alter

1. Markieren Sie alle Sprechblasen, denen Sie zustimmen können, in grün.
2. Markieren Sie alle Sprechblasen, die sie ablehnen, in rot.
3. Kommentieren Sie eine Sprechblase Ihrer Wahl.
4. Formulieren Sie Ihre eigene Position in der freien Sprechblase.

# M 4.4 There's probably no God

© picture-alliance/ dpa | Andy_Rain

Im Jahr 2009 wurde in London von einer kirchenkritischen Vereinigung eine Buskampagne initiiert. 200 Busse fuhren mit folgendem Schriftzug durch die britische Hauptstadt:

»There's probably no God. Now stop worrying and enjoy your life.«

Übersetzt heißt das: »Es gibt wahrscheinlich keinen Gott. Hört auf, Euch Sorgen zu machen und freut euch des Lebens.«

Die Buskampagne stieß auf große Resonanz in den Medien, auch in Deutschland kam es zu ähnlichen Initiativen.

1. Beschreiben Sie Ihre erste Reaktion auf den Spruch der Kampagne.
2. Die Kampagne wirbt damit, dass man sich nicht sorgen müsse, sondern einfach das Leben genießen könne, wenn es keinen Gott gäbe. Erläutern Sie, was die Werbemacher:innen damit gemeint haben.
3. Sammeln Sie Vorteile, wenn es Gott nicht gäbe.
4. Sammeln Sie Nachteile, wenn es Gott nicht gäbe.
5. Gedankenexperiment: Sie werden von einem Bekannten angesprochen, ob Sie eine solche Kampagne auch in Deutschland unterstützen möchten. Dazu wird sowohl für eine Unterschriftenliste als auch zu Spenden aufgerufen. Entscheiden und begründen Sie, wie Sie reagieren würden.

# M 4.5 Gott und Leid – das passt einfach nicht

*Esther Maria Magnis, geb. 1980, hat mehrere Schicksalsschläge in ihrer eigenen Familie erlebt. Als Jugendliche stirbt ihr Vater an Krebs, ein paar Jahre später auch ihr Bruder. Sie ringt mit Gott – ob es ihn gibt bzw. wenn es ihn gibt, warum er dann dieses Leid zulässt. Sie schreibt:*

Vielleicht ist Gott ein Sadist, ein großes Kind, das schlecht erzogen wurde und sich nicht kümmert. Wenn Gott, wie die Christen behaupten, Liebe ist, dann verstehe ich diese Liebe nicht. Dann ist sie irrer und strenger als meine.

*Während der Krankheitsphase ihres Vaters hatte sie immer wieder Hoffnung geschöpft, unter anderem, nachdem sie mit ihren Geschwistern gemeinsam auf dem Dachboden betete und dort Gottes Nähe spürte. Aber trotzdem stirbt ihr Vater. Nach seinem Tod fühlt sich für sie alles leer an, gerade die alltäglichen Abläufe fühlen sich plötzlich belanglos an angesichts des Leides, das sie erlebt hat.*

Die Dinge der Welt klingen nicht mehr. Es gibt keine Harmonien mehr, keine logischen Tonfolgen, in denen man sich zurechtfinden könnte.

Das geschieht jeden Tag auf dieser Welt. In allen Ländern. Jeden Tag, immer wieder neu bricht die Welt in sich zusammen, ohne dass wir's hören.

Gott lässt das zu. Und viele, die nie an ihn geglaubt haben, nehmen es als Bestätigung und können sagen: »Siehst du? Da ist niemand. Da war niemand. Der Tod und das Leiden geschehen in dieser Welt wie das Wetter. Wenn es kalt ist, dann friert der Mensch, wenn es noch kälter wird, stirbt er dran. Wir sind nicht fähig, die Dinge zu überleben. Wir sind drin in den Dingen. Wir brennen im Feuer und erfrieren im Eis und werden zerfressen, wenn unsere Zellen mutieren. Wenn ein Mensch nichts zu essen hat, dann verhungert er. Auch wenn sein Geist noch so sehr dagegen kämpft, er wird verhungern. So ist die Welt. So sind wir darin. Allein unsere Intelligenz kann uns retten, indem wir vorsorgen, uns schützen und Systeme entwickeln, die uns vor Hunger bewahren und vor Kälte und Krankheiten, vor Kriegen und den Ausrastern anderer Menschen, die in kaputten Systemen und Familien groß wurden. Da war niemals jemand. Da ist keiner. Auch wenn wir es uns wünschen würden.«

So konnte ich nicht denken. Es fühlte sich zwar genauso an, aber ich konnt's nicht denken. Ich hätte mir selbst, mir und meinen Geschwistern, nachträglich einen Vogel zeigen müssen. Das muss man ja oft – sich selbst einen Vogel zeigen, Dinge revidieren, neue überdenken und so. Aber neue überdenken heißt eben nicht zu sagen: »Ätsch, siehste, ist alles ganz einfach, dein Vater ist tot, es gibt also doch keinen Gott.« Das konnte ich nicht. So einfach war es nicht.

Ich stand auf einmal wie ein Idiot mit einem Blumensträußchen vor Papas Grab und verstand die Welt und das Leben nicht mehr.

Der Tod passte nicht zu dem, was ich auf dem Dachboden verstanden hatte. Er passte nicht zu der Zuneigung, die diese Kraft uns entgegengebracht hatte. Der Tod ließ sich nicht vereinbaren mit der erstaunlichen Erfahrung, dass diese Kraft so sehr um einen weiß und jeder kleinste Krümel an Erlebnissen, Angst, jedes heimliche undefinierte Gefühl von uns in ihr Platz hatte, schon längst in ihr angekommen war. All diese Dinge konnten diese Kraft, diesen Gott, nicht unberührt gelassen haben.

Und vor allem eines passte nicht – diese Kraft auf dem Dachboden, diese ruhige Liebe, war gut. Da hätte man mir noch so viele Philosophiebücher reichen können, noch so viele kluge Gedanken nennen mögen, dass Gott alles und nichts ist und so weiter, ganz egal – er war gut. Und diese Güte hatte, und das kann ich nicht wirklich erklären, wie soll man das sagen – die hatte eine Autorität, nur weil sie so gut war. Wenn sie sich neben einen Vogel auf die Erde knien würde, um ihn zu betrachten, dann würde alles, was hinter ihr ist, jeder Baum, jede erhobene Faust, jeder Gedanke, alle Dinge würden sich mit ihr neigen. So tief, wie Gott sich neigt, hinunter zu dem blinzelnden Spatz. Die Dinge müssten es nicht, dieser Gott befiehlt es nicht, aber sie tun es. Weil er das Gute ist. Hinter ihm vollzieht alles seine Bewegung. Dazu zwingt er nicht. Sie

© Dmitry Ant/Unsplash

vollziehen seine Bewegung in der Weise, wie Liebe sich vollzieht, sich vollziehen muss und will. Die neigt sich, steht auf, geht hinterher und fürchtet nicht, sich selbst zu verlieren. Die vollzieht das Ein- und Ausatmen der Dinge und bleibt, was sie ist, indem sie es tut.

Gott ist gut. Die Dinge folgen ihm. Und selbst wenn sie es nicht wollten, dachte ich – er könnte sie trotzdem zwingen. Sie gehören ihm. Sie kommen von ihm. Selbst das, was widerstrebt – er könnte es zwingen.

Dieser Gott – wirklicher und härter als Atomkerne, strenger und konsequenter befehlend als mutierte DNA, freier als unsere Gesetze – er hätte in seiner Güte den Krebs bezwingen können, sich zurückzuziehen. Das hätte er gekonnt – der Gott –, das wusste ich.

Es passte nicht zu Papas Tod.

Esther Maria Magnis: Gott braucht dich nicht. Eine Bekehrung, Hamburg 2014, 80–83.

1. Beschreiben Sie, welches Leid Esther Maria Magnis erfahren hat.
2. Esther Maria Magnis ringt mit sich und mit einem Gott, den sie angesichts des Todes nicht spürt. *»Der Tod passte nicht zu dem, was ich auf dem Dachboden verstanden hatte.«* Wie könnte dieser Satz verstanden werden? Formulieren Sie verschiedene Deutungsmöglichkeiten.
3. Erklären Sie Esther Marias Magnis' Zwiespalt zwischen dem »Gott ist gut« und dem Leid, das sie erfahren hat.
4. Wenn es Ihnen ähnlich ergehen würde wie Esther Maria Magnis – wie würden Sie sich fühlen und verhalten? Diskutieren Sie diese Frage in Ihrer Klasse.

# M 4.6 Gott ist schrecklich. Gott brüllt. Gott schweigt.

Gott ist schrecklich. So schön er auch ist – so unendlich tief seine Liebe und Zuneigung zu den Menschen sein mag. Ich erschrecke vor Gott. Und die Schrecken der Zeit damals lassen mich in meinen Gebeten immer noch humpeln. Und es ist eine Lüge, die in manchen Kirchengemeinden verbreitet wird, wenn sie sagen: Wir haben keine Drohbotschaft, wir haben eine Frohbotschaft. Es ist nicht wahr. Es ist einfach nicht wahr.

Gott hat sich in dieser Welt am Kreuz hinrichten lassen. Das gehört zu den dreckigsten Todesarten, die es gibt. Und Gott hat zugelassen, dass mein Bruder sich zu Tode erschrak. Und Gott hat gesagt, dass jeder sein Kreuz in dieser Welt auf sich nehmen und ihm nachfolgen soll. Es war nie die Rede davon, dass es hier witzig wird. Es war nie die Rede davon, dass uns allen die Sonne aus dem Arsch scheint. Unser Glaube, der Glaube der Christen, hat einen Schrecken. Unser Glaube macht »BUH!«. Unser Glaube hat in sich das Wissen um den ganzen Dreck der Welt. Er hat einen Schrecken. So wie diese Welt. Und erst dann kommt die Frohe Botschaft. Vorher gibt es keinen Grund, dumm grinsend auf der Kanzel zu stehen und die Menschen, die echte Not haben, deren Ehen gerade kaputtgehen, deren Kinder krank werden, deren Geschwister sterben und Eltern dement werden, deren Herzen gebrochen werden, deren Stolz verletzt wird, mit einem weichen und gemütlichen Gesäusel und Sozialkitsch einzulullen.

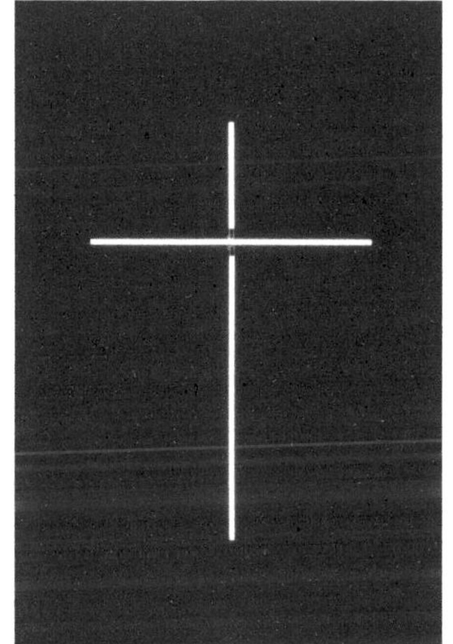

© David Libeert/Unsplash

Gott ist schrecklich. Gott brüllt. Gott schweigt. Gott scheint abwesend. Gott liebt in seiner Radikalität, vor der man sich fürchten kann.

Alle seine Jünger, bis auf einen, alle, die ihn geliebt haben, sind auf brutale Weise umgebracht worden.

Und in dem Moment, als Gott Mensch wurde, als er dieser Welt in Fleisch nahe kam, da brachte er mit sich das große Kindermorden. So kam Gott in die Welt. Seine Berührung mit unserer Geschichte hat nicht nur Maria zum Lächeln gebracht. Sein Eintritt hat ein Drama hervorgerufen. Das muss er gewusst haben. Unsere Erlösung, die Verstrickung zwischen Mensch und Gott, unsere Schuldgeschichte, die Entfernung zu ihm, all das ist wahrscheinlich schlimmer, komplizierter und ernster, als wir wirklich glauben.

Ich verstehe Gott nicht. Das sage ich ihm auch. Und ich sage ihm, dass sein Anspruch an uns zu hoch ist. Dass wir zu klein für ihn sind. Dass er uns nicht so überfordern kann. Und wäre sein Wille nicht der Grund unserer Existenz, dann würde ich ihn hinterfragen, jeden Tag. Aber was wissen wir schon. Wer von uns hat sich selbst geschaffen. Vielleicht sind wir höher, stärker und größer, als wir tun. Als wir wollen.

Esther Maria Magnis: Gott braucht dich nicht. Eine Bekehrung, Hamburg 2014, 223–225.

1. »Gott ist schrecklich. Gott brüllt. Gott schweigt. Gott scheint abwesend.« Beschreiben Sie Situationen, auf die dies zutrifft.
2. Esther Maria Magnis sieht eine Verbindung zwischen Jesu Geburt, Jesu Tod am Kreuz und dem unterschiedlichen Leid, das Menschen hier auf der Welt erleben. Überlegen Sie, worin diese Zusammenhänge bestehen könnten.
3. Trotz allem versucht Esther Maria Magnis an Gott festzuhalten. Erklären Sie, was ihre Gründe und Überlegungen sind.

# M 4.7 Mein Gott, warum hast du mich verlassen?

**Psalm 22: Von der Klage zum Dank für erfahrene Hilfe**

2»Mein Gott, mein Gott, warum hast du mich verlassen?«
Fern ist meine Rettung, ungehört verhallt mein Hil-
feschrei.
3»Mein Gott«, rufe ich am Tag, doch Antwort gibst
du mir nicht.
Und ich rufe in der Nacht, doch Ruhe finde ich nicht.
4Du aber, du bist der Heilige!
5Auf dich vertrauten schon unsere Vorfahren.
Sie vertrauten darauf, dass du sie rettest.
6Sie riefen zu dir und wurden gerettet.
Auf dich haben sie sich verlassen
und wurden nicht enttäuscht.
7Ich aber bin ein Wurm und kein Mensch,
ein Gespött der Leute und verachtet vom Volk!
8Alle, die mich sehen, lachen nur über mich.
Sie spitzen die Lippen, sie schütteln den Kopf:
9»Soll er doch seine Last auf den Herrn abwälzen!
Der soll ihn auch retten! Der soll ihn aus dem Elend
reißen.
Er ist ja sein Freund!«
20Doch du, Herr, bleib nicht fern von mir!
Du bist meine Stärke, hilf mir schnell!

– Mein Gebet hast du erhört. –
23Ich will meinen Brüdern und Schwestern von dei-
nem Namen erzählen.
25Denn er hat die Augen vor dem Elend nicht ver-
schlossen
und sich nicht gescheut, dem Armen zu helfen.
Sein Angesicht hat er nicht vor ihm verborgen.
Als er um Hilfe schrie, hat er ihn gehört.
»Er hat es getan!«



Schreiben Sie einen neuen, eigenen Psalm, indem Sie:
- 5–10 Worte oder (Halb-)Sätze einkreisen, die Ihnen wichtig sind.
- unwichtige (Füll-)Wörter oder Dinge durchstreichen, die Ihnen nicht wichtig sind oder denen Sie nicht zustimmen.
- die übrig gebliebenen Wörter – evtl. ergänzt durch eigene Wörter oder (Halb-)Sätze zu einem neuen Psalmgebet verbinden.